AF467635

BIBLIOTHÈQUE MORALE

DE

LA JEUNESSE

PUBLIÉE

AVEC APPROBATION

3e SÉRIE PETIT IN-8e

LE

CHAPELET

DE PREMIÈRE COMMUNION

PAR

C. BARBIER

ROUEN
MEGARD ET Ce, LIBRAIRES-ÉDITEURS
1875

APPROBATION.

Les Ouvrages composant **la Bibliothèque morale de la Jeunesse** ont été revus et **ADMIS** par un Comité d'Ecclésiastiques nommé par SON ÉMINENCE MONSEIGNEUR LE CARDINAL-ARCHEVÊQUE DE ROUEN.

AVIS DES ÉDITEURS.

Les Éditeurs de la **Bibliothèque morale de la Jeunesse** ont pris tout à fait au sérieux le titre qu'ils ont choisi pour le donner à cette collection de bons livres. Ils regardent comme une obligation rigoureuse de ne rien négliger pour le justifier dans toute sa signification et toute son étendue.

Aucun livre ne sortira de leurs presses, pour entrer dans cette collection, qu'il n'ait été au préalable lu et examiné attentivement, non-seulement par les Éditeurs, mais encore par les personnes les plus compétentes et les plus éclairées. Pour cet examen, ils auront recours particulièrement à des Ecclésiastiques. C'est à eux, avant tout, qu'est confié le salut de l'Enfance, et, plus que qui que ce soit, ils sont capables de découvrir ce qui, le moins du monde, pourrait offrir quelque danger dans les publications destinées spécialement à la Jeunesse chrétienne.

Aussi tous les Ouvrages composant la **Bibliothèque morale de la Jeunesse** sont-ils revus et approuvés par un Comité d'Ecclésiastiques nommé à cet effet par SON ÉMINENCE MONSEIGNEUR LE CARDINAL-ARCHEVÊQUE DE ROUEN. C'est assez dire que les écoles et les familles chrétiennes trouveront dans notre collection toutes les garanties désirables, et que nous ferons tout pour justifier et accroître la confiance dont elle est déjà l'objet.

INTRODUCTION.

C'était un jour de première communion à Saint-Sulpice. La pieuse cérémonie venait de s'achever, et les enfants sortaient du temple saint au milieu d'une foule émue qui se pressait sur leur passage. Parmi eux on distinguait une jolie petite blonde à l'air recueilli et modeste. Elle avait une robe et un voile de mousseline unie, une ceinture de taffetas, un bonnet et une guimpe de tulle de soie. Mais ce que l'on remarquait le plus en elle, c'était un petit chapelet à grains bleus et rouges montés en cuivre, qui pendait à son cou et que l'on apercevait sous les longs plis de son voile. Elle marchait modestement entre son père et sa mère. Après avoir traversé la place Saint-Sulpice, ils descendirent la rue du Pot-de-Fer, suivirent quelque temps la rue de Vaugirard, et entrèrent enfin dans un des magnifiques hôtels qui se trouvent à l'entrée de la rue Cassette. Ils montèrent un grand escalier de pierre et pénétrèrent dans un vaste appartement du premier étage.

Laissant son père et sa mère, la première communiante s'avança vers un salon meublé à l'antique, tapissé de draperies vertes frangées d'or et offrant une belle collection de portraits.

Près de la haute cheminée de marbre vert, une dame âgée, et en qui tout révélait la distinction et la noblesse, était étendue dans un large fauteuil au dos armorié. C'était la mère de M. le comte Emmanuel-Christian des Sablés de la Reyrie.

— Oh! bonne maman, s'écria la jeune fille, en se prosternant aux pieds de la respectueuse dame, que vous m'avez manqué ce matin!

— J'étais avec toi par le cœur et la pensée, mon enfant, répondit la grand'mère en élevant ses deux mains bénissantes sur le front incliné de sa petite-fille.

— Bonne maman, comme je suis heureuse!

— Ne t'avais-je point dit que la première communion est le plus beau jour de la vie?

La pieuse aïeule allait continuer, quand entrèrent précipitamment dans le salon le petit frère et les petites sœurs, avides de contempler leur grande sœur qui était si belle avec sa robe et son long voile blancs. A la vue du recueillement de la grand'mère et des larmes de bonheur qui sillonnaient les joues de la jeune Marie, ils s'arrêtèrent soudain; puis, marchant sur la pointe des pieds, ils entourèrent respectueusement le fauteuil de la comtesse.

Marie les embrassa en souriant, et la joie épanouit de nouveau tous ces gracieux visages,

— N'est-ce pas, bonne maman, que Marie est belle ? dit la petite Félicie en montant sans façon sur les genoux de la bonne dame, tandis que Blanche, qui comptait à peine huit ans, s'établissait sur le tabouret de Mme des Sablés et s'emparait de l'une des mains de la grand'mère.

— Oui, mon enfant, elle est belle, belle aux yeux de Dieu et des hommes; mais ce n'est point, comme tu te l'imagines, cette simple robe blanche qui fait sa beauté; c'est l'innocence de son cœur et la pureté de son âme.

Félicie tourna la tête en souriant de nouveau à sa sœur.

— Et vous, bonne maman, étiez-vous bien

belle le jour de votre première communion? demanda Blanche. Portiez-vous aussi une robe blanche et un long voile flottant?

— Non, mon enfant; j'avais une grosse robe de toile grise et un petit bonnet de même étoffe, sans dentelle ni ruban.

— Oh! bonne maman! bonne maman! s'écrièrent les enfants.

— C'est que votre bonne maman était alors bergère, vachère, gardeuse de dindons....

— Bonne maman! bonne maman!

— Mais, au moins, j'avais au cou le chapelet rouge et bleu que porte votre chère Marie.

— Un tout pareil?

— Le même, mes enfants.

L'étonnement de nos petits amis était à son comble. La vénérable aïeule jouissait de leur surprise et souriait doucement, tantôt élevant vers le ciel des yeux baignés de larmes de reconnaissance, tantôt les promenant avec amour sur sa jeune et intéressante famille.

— Aujourd'hui est un grand jour pour Marie, reprit l'aïeul, un jour qu'elle doit donner tout à Dieu. Mais demain je vous raconterai mon histoire et celle du petit chapelet rouge et bleu. Ces deux histoires n'en font qu'une.

Le lendemain, les trois sœurs et le petit frère entouraient le fauteuil de la vénérable aïeule et demandaient l'histoire promise.

La comtesse commença immédiatement son récit.

LE CHAPELET

DE PREMIÈRE COMMUNION.

I.

Le 17 mai 1784, vers midi, les cloches du joli village de la Reyrie, en Vendée, et des cinq ou six hameaux d'alentour, étaient en branle, et des chants de bonheur se mêlaient de toutes parts aux joyeux carillons. Paysans et paysannes, vêtus de leurs habits de fête et traînant après eux toute leur *marmaille*, suivaient en foule les sentiers qui menaient au château. Les jeunes filles, parées de blanc et couronnées de pâquerettes, portant de gros bouquets de lis et de roses, ou des corbeilles de fruits rouges et de gâteaux, ou encore des colombes ou des agneaux enrubannés, marchaient sur deux files par les mêmes sentiers, chantant les refrains d'un pieux cantique ou d'une fraîche complainte ; les jeunes gens, conduits par le garde-chasse et le maître d'école, luttaient de chants de gaîté avec leurs sœurs, leurs cousines ou leurs promises, se groupant autour d'une bannière flottante, large morceau de toile blanche tailladé et au milieu duquel l'aiguille de quelque habile tailleuse du pays avait écrit en grosses lettres rouges et vertes : *A Philippe de la Reyrie et à notre jeune et aimée marquise, longue vie et bonheur !*

Avant deux heures tous les habitants de la Reyrie et des hameaux circonvoisins se pressaient dans la grande cour du château.

Quand deux heures sonnèrent, un murmure se fit entendre dans la nombreuse assemblée : l'intendant avait dit que le jeune couple (car il s'agissait du mariage du marquis *régnant*, comme disaient les bonnes gens des domaines, Philippe-Christian de la Reyrie, avec une jeune, belle et riche héritière, Emma de Caraman) arriverait avant deux heures, et on criait dans chaque groupe que la *sonnerie* du château était déjà en retard, à en juger d'après le soleil.

— Que vous importe, bonnes gens ? dit l'intendant, le père Thomas Gobillon, en paraissant sur le perron en habit de cérémonie. N'est-ce pas jour de chômage? N'est-ce pas fête dans tous les domaines de monseigneur le marquis? D'ailleurs, les amis, attention! attention!

Il se fit un profond silence dans toute cette multitude; chacun prêtait l'oreille à un bruit lointain et encore peu distinct.

Moins d'un quart d'heure après, une élégante berline entrait dans la cour du château.

Il est difficile de peindre la scène qui suivit.

Ni le marquis ni la marquise n'eurent le temps de descendre de voiture; ils furent en un instant environnés des bonnes gens de leurs domaines et couverts de fleurs.

— Longue vie et bonheur! criaient les Vendéens avec des exclamations de joie.

— Merci, mes bons amis! murmurait le jeune seigneur.

Le doyen des habitants du domaine s'avança près de la berline. D'un regard et d'un geste, il commanda le silence, qui se rétablit aussitôt.

— Monseigneur, dit-il en s'inclinant avec respect devant le jeune couple, debout au milieu de la berline, il est beau le jour où vous amenez dans le domaine de vos pères celle que vous avez choisie pour compagne, et qui fera votre bonheur, notre consolation et la gloire de la Reyrie.

— Tu l'as dit, bon père, interrompit vivement la jeune femme en se penchant hors de la voiture et en pressant dans ses mains fines et blanches les mains calleuses du vieux paysan, je veux être à la fois votre bonheur et votre consolation à tous; et si Dieu le permet....

— Dieu permet et veut le bien, madame, reprit le vieillard. Soyez bénie pour vos bonnes paroles, pour l'espérance que vous donnez à ceux qui vous chérissent déjà sans vous connaître, et qui font tant de vœux pour vous.

— Longue vie et bonheur! répétèrent plusieurs centaines de voix.

— Dieu veuille exaucer tant de prières! murmura le doyen de la Reyrie, Nicolas Duval.

Et il ajouta, en s'adressant à la jeune marquise et en élevant sur son front incliné ses deux mains bénissantes.

— Bonheur! bonheur!... Mais s'il venait de mauvais jours — car qui est exempt de peines dans cette misérable vie? — souvenez-vous, madame, que vous avez autant de pères qu'il y a de vieillards dans le domaine, autant de mères que nous y comptons de matrones, autant de frères et de sœurs que vous voyez autour de vous de jeunes gens et de jeunes filles.

Les paroles du vieillard, qui dans une telle bouche pouvaient sembler prophétiques, avaient assombri le front de la marquise. Philippe s'en aperçut.

— Nous ne verrons pas de mauvais jours, père Duval, dit-il.

— Je l'espère, monseigneur; mais qui peut répondre de l'avenir? L'homme propose et Dieu dispose, dit un proverbe. Et c'est bien vrai; moi qui ai longtemps vécu, j'en sais quelque chose.

Une autre petite scène se passait en même temps à quelques pas de là.

— Qu'elle est heureuse, la marquise! murmurait une jeune fille à l'oreille de sa compagne, avec un léger accent de dépit et de chagrin. Vraiment, il y en a qui semblent nés pour le bonheur, à qui tout sourit et réussit sur la terre. Elle sort d'un paradis, et c'est pour entrer dans un autre paradis.

— Dame! on ne sait pas, répondit sa compagne, bonne grosse rougeaude, au front joyeux, à la bouche rieuse, qui jouissait de la vie sans souci du passé, sans inquiétude pour l'avenir, et surtout sans jeter autour d'elle un regard envieux et jaloux.

— Comment! on ne sait pas? Est-ce que tout le

monde ne connaît pas bien en Vendée le comte de Caraman? On le dit riche à millions, et bon comme le bon pain! Et la comtesse donc, on en fait un récit! Avec un tel père et une telle mère, Mlle Emma ne devait-elle point être heureuse? Et des plaisirs! Tous les ans à Paris, à Paris que nous ne verrons jamais, nous autres.

— Dame! on ne sait pas.

Annette, la petite envieuse, haussa les épaules, alla faire ses confidences à une oreille qu'elle supposa mieux disposée à écouter ses murmures et à partager son avis.

— Qu'est-ce qui lui manque à cette petite marquise? Un bon père et une bonne mère; riche comme Crésus, entourée de soins, d'attentions, d'hommages, de plaisirs; dix-huit ans — on dit qu'elle a eu dix-huit ans hier — et maintenant grande dame, marquise, un château, des équipages.... Ainsi, va-t'en, Rose, comparer notre existence à celle de Mme de la Reyrie! Nous sommes pauvres; il nous faut travailler sans relâche, nous....

La pauvre Annette s'était encore mal adressée. Si Rose l'écoutait patiemment, elle n'était point du même avis.

— Grand'mère dit toujours, répondit-elle à voix

basse, comme sa compagne lui avait parlé, que la Providence fait à chacun sa part, et que nous avons tous nos joies et nos peines.

— Des peines, cette petite marquise! Quelles peines a-t-elle eues jusqu'ici, et quelles peines aura-t-elle jamais?

— Dame! on ne sait pas, répliqua Rose. Mais nous prierons Dieu d'écarter tout chagrin et tout ennui du cœur de la jeune femme. Elle paraît si douce et si bonne! Vois comme elle presse les mains du père Nicolas et comme elle nous regarde tous avec des larmes d'émotion et de bonheur!

Annette n'avait rien entendu. Tout à ses méchantes pensées, elle redisait entre ses dents :

— La Providence fait à chacun sa part... Allons donc! aux uns, tout le bon; aux autres, tout le mauvais. Et ce n'est pas juste; car je la vaux bien, quoiqu'elle soit marquise, et moi pauvre petite paysanne. Dame! ne sommes-nous pas tous de chair et d'os, comme on dit?

— Qui te conteste cela, ma pauvre Annette? s'écria enfin Rose. Comme tu te rends malheureuse! Pense donc à toi, et non aux autres.

— On ne peut être heureux ou malheureux que par comparaison.

— Tu te trompes. D'ailleurs, si tu as absolument besoin de comparer, regarde au-dessous de toi, et tu auras mille sujets de bénir la Providence.

— Non, je veux regarder à côté de moi ; car, tu as beau dire, Rose, je m'estime tout autant que ta marquise.

— Pauvre Annette ! que tu te tourmentes à plaisir ! Oui, sans doute, nous sommes tous égaux dans notre origine et nous sommes appelés à la même fin ; mais conviens au moins que le bon Dieu a bien fait, quand il a permis qu'il y ait des grands et des petits, des riches et des pauvres, des savants et des ignorants. Sans cela, comme dit grand'mère, pas de société possible. Et ne nous plaignons pas, dit-elle encore ; car, quel que soit le rang où la Providence nous ait placés, elle a sur nous tous des vues de miséricorde et d'amour ; elle a pour nous tous des récompenses magnifiques, si nous remplissons avec soin, zèle et dévouement, la mission qu'elle a confiée à chacun sur la terre : le puissant doit protéger et défendre le faible, le riche soulager le pauvre, le savant instruire l'ignorant. Tiens, Annette, viens un peu causer avec grand'mère, et tu seras consolée.

II.

L'accueil qui leur avait été fait par leurs vassaux avait comblé de joie le marquis et la marquise et avait aussi doublé l'affection qu'Emma de Caraman ressentait pour son époux.

— Il est bon, puisqu'il est aimé, se disait la marquise. Les louanges des petits et des pauvres sont à mes yeux ses plus beaux titres de gloire. S'il est bon, s'il est charitable, la bénédiction du Seigneur sera sur notre maison et sur tous ceux qui nous entourent.

Le jour de l'arrivée des jeunes seigneurs dans leurs domaines fut effectivement suivi d'autres beaux jours.

Fidèle à la parole qu'elle avait donnée au bon

Nicolas, Emma fit en sorte de devenir la joie et la consolation de tous. Considérant ses vassaux comme ses enfants, elle parcourut les petits hameaux qui dépendaient de la Reyrie, entrant dans toutes les chaumières, s'asseyant au foyer et quelquefois à la table des plus pauvres, se prosternant aux pieds des vieillards pour implorer leur bénédiction, bénissant elle-même les petits enfants, répandant à pleines mains les aumônes, prodiguant des consolations aux affligés, soignant les malades, exhortant les mourants; marquant, en un mot, chacun de ses pas par un bienfait. Aussi que de louanges s'élevaient de toutes parts en l'honneur de la *bonne dame !*

Une seule voix ne se mêlait point à tant de voix, celle de l'envieuse Annette. Malgré les bienfaits d'Emma, bienfaits dont elle-même avait été plus d'une fois l'objet, elle n'avait point encore pardonné à la marquise d'être riche, belle, heureuse, d'être bonne même ; car elle allait jusqu'à lui envier le bien qu'elle semait sur ses pas, sans avoir le courage de suivre un si noble et si touchant exemple. Cependant Annette rougissait de son odieuse jalousie, et c'était à Rose seule qu'elle osait en faire l'aveu.

— Tant de bénédictions l'accompagnent! disait-elle un jour à sa confidente.

— Ces bénédictions, ne les mérite-t-elle pas? Tu peux être bénie comme elle.

— Moi ?

— Oui, si tu te montres aussi bonne, aussi charitable.

— Est-ce possible? Elle est riche ; moi, je suis pauvre.

— Ne fait-elle l'aumône que de sa bourse? Si elle se bornait, comme tant d'autres, à répandre sur nous de l'or à pleines mains, crois-moi, on ne la comblerait point de tant de louanges. Mais à l'aumône de la bourse elle sait joindre l'aumône du cœur. Or, faut-il être riche pour cette aumône du cœur ?

Mais Annette ne se laissait pas convaincre et continuait à envier.

Le bonheur régnait sous tous les toits de chaume de la Reyrie, depuis que la jeune marquise habitait le château, parce que chaque jour la religion était plus respectée et la vertu plus honorée.

Instruits par l'aimable jeune femme, les pères et les mères comprenaient enfin de quelle importance il est de donner de bons exemples à ses enfants.

Emma joignait la pratique au précepte ; elle donnait le touchant exemple de toutes les vertus.

Comme Annette l'avait dit, Mlle de Caraman, sortant

d'un paradis, était entrée dans un autre paradis. C'est le privilége de la vertu de répandre autour d'elle la paix, la joie et le bonheur. Rien ne saurait peindre la félicité du marquis. Il avait longtemps pleuré une mère tendrement chérie et bien digne de l'être — la marquise Philarète de la Reyrie était une sainte ; — il avait reçu le dernier sourire et la dernière prière d'une jeune sœur que l'on nommait dans les chaumières *le bon ange* de la Reyrie, ou encore la *perle du château*, tant elle était pieuse, bonne, douce, charitable. Il lui semblait les retrouver toutes deux dans sa chère Emma. De son côté, Emma s'appliquait sans relâche à retracer dans sa conduite la conduite de la sainte et du petit ange.

Mère des pauvres habitants des cabanes qui entouraient le castel, elle était aussi la mère des domestiques du château. Elle savait que ceux qui nous servent, quand ils remplissent leurs devoirs avec zèle, fidélité et dévouement, ont droit à notre respect, à nos égards, à notre confiance, à notre reconnaissance même ; qu'ils ne sont point, comme on ne se l'imagine que trop communément, hélas ! de pauvres bêtes de somme qu'il nous est permis d'accabler à notre gré et de couvrir d'insultes et d'affronts, mais des frères malheureux que nous devons soulager, consoler et aimer. Elle veillait donc sur eux avec la sollicitude d'une mère, les instruisait avec une touchante bonté, les soignait de ses propres mains, quand ils étaient malades.

Philippe-Christian n'était ni moins pieux ni moins charitable. Il partageait ses bonnes œuvres, se faisait également tout à tous, et s'appliquait à maintenir le bon ordre, le bon accord, l'union, la paix, entre les habitants de ses domaines. Si quelques-uns avaient quelque contestation, ils s'empressaient de venir trouver leur seigneur, et s'en rapportaient toujours à sa décision ; car ils savaient qu'il était animé des sentiments les plus nobles.

La naissance d'une petite fille vint resserrer les liens qui unissaient M. et Mme de la Reyrie et ajouter à leur bonheur. Cette enfant fut saluée avec enthousiasme par toutes les bonnes gens des domaines. On fit une fête à la jeune mère, fête où se réunirent toutes les mères et tous les enfants. Le berceau fut couvert de fleurs. Les jeunes filles le portèrent en triomphe à l'église, le déposèrent sur l'autel de Marie au milieu de guirlandes et de petits agneaux blancs.

Thomas Gobillon, ivre de joie et de bonheur, ordonnait la fête et conduisait la foule. Sur le seuil du saint temple, il prit dans ses bras la petite créature.

— Ainsi, dit-il avec des larmes d'émotion, ainsi j'ai pressé sur mon cœur monsieur le marquis. Puisse sa fille être un jour bonne, charitable et pieuse comme lui !

Le bon Nicolas Duval avait aussi béni au jour de son baptême monsieur le marquis, et il bénit encore la petite fille.

— Bonheur ! bonheur ! murmura-t-il avec un sourire, en étendant ses deux mains tremblantes sur l'héritière de la Reyrie.

Bonheur.... Et pourtant une grosse larme, qui avait coulé silencieuse sur les joues ridées et amaigries du vieillard, vint mouiller le visage rosé de la petite Marie.

— Il pleure ! soupira avec effroi Emma à l'oreille de son mari. Le bon Dieu, qui souvent se révèle aux vieillards, lui découvrirait-il un sombre avenir pour notre chère enfant ?

Philippe de la Reyrie parvint à rassurer sa jeune épouse, et, aussi prompte à espérer qu'à s'alarmer, la jeune mère rêva avec lui sur le berceau de son enfant un bonheur sans fin et sans mesure.

— Elle fera comme nous, disait-elle à son époux, à qui elle confiait les rêves gracieux de son cœur maternel, elle aimera le pauvre, et le bon Dieu la bénira....

Nous ne dirons pas le bonheur du marquis et de la marquise, quand ils reçurent le premier sourire, la première caresse de leur enfant, quand ils la virent essayer ses premiers pas et l'entendirent bégayer son premier mot. Ce premier mot fut le nom de la glorieuse patronne de la petite créature, ce nom qui ravit les anges et les hommes, tant il est doux et beau : Marie.

Depuis qu'elle était mère, Emma partageait ses jours entre les cabanes de ses pauvres et le berceau de son enfant. Bientôt elle visita les chaumières en portant entre ses bras la petite fille.

Bien des jours passèrent. Marie grandissait, et, instruite par sa vertueuse mère, elle ouvrait son petit cœur aux délicieuses émotions de la vertu, en même temps que son intelligence se développait. Emma faisait passer toutes ses aumônes par ses mains d'enfant si innocentes et si pures.

— Le bon Dieu la bénira, répétait sans cesse la pieuse mère.

Marie avait cinq ans, quand Nicolas Duval, presque centenaire, s'inclina vers la tombe. Se sentant mourir, le bon vieillard demanda le marquis et la marquise. Ils accoururent tous deux avec leur enfant.

— Bénissez-la, bon père ! s'écrièrent-ils d'une

seule voix. La bénédiction de celui dont les cheveux ont blanchi dans la pratique de la vertu, c'est la bénédiction du bon Dieu.

Nicolas eut un sourire, un sourire d'amour et de prière, et pourtant la mort planait sur sa tête.

— Bonheur! bonheur! dit-il.

Et, cessant de sourire pour verser des pleurs, il répéta les paroles qu'il avait adressées à la fiancée.

— O mon Dieu! s'écria la pauvre mère, incapable cette fois de maîtriser sa vive émotion.

Egarée par l'effroi et la douleur, elle prit la petite fille dans ses bras et tomba à genoux devant plusieurs des bonnes gens du hameau qui, agenouillés dans la cabane, avaient assisté aux touchantes cérémonies de l'extrême-onction.

— Pauvre mère! murmura une voix pleine de sanglots. Pourquoi vous alarmer, quand une félicité si parfaite vous entoure, quand tout vous a souri et vous sourit encore? Que craignez-vous?

— Pour moi, rien, balbutia Emma en versant des larmes; mais pour mon enfant.... Je mourrais mille fois pour mon enfant.... Vous êtes mère aussi; vous devez comprendre mes alarmes.... Oh! bénissez et aimez mon enfant.

Celle à qui s'adressait Emma n'était autre qu'Annette, l'envieuse, la jalouse. Mais Annette était devenue mère ; et si un jour elle avait osé souhaiter malheur à la jeune marquise si riche, si belle, si heureuse, elle sentait aujourd'hui son âme se briser à la vue de ses angoisses maternelles.

— Oh ! bénissez et aimez mon enfant ! répéta Emma.

— Nous l'aimons tous, murmura Annette. Et moi en particulier, ajouta-t-elle en baisant au front la petite fille qui pleurait, parce qu'elle voyait pleurer sa mère, je serais sa mère, si jamais elle devenait orpheline. Mais plaise à Dieu qu'il n'en soit jamais ainsi ! dit encore la pauvre jalouse, dont le repentir à cette heure effaçait la faute. Je serai sa mère, pour que le bon Dieu me pardonne et que vous me pardonniez, madame.

La marquise ne comprenait pas ; elle laissa presser sa main sur le cœur et les lèvres de la jeune paysanne.

— Et vous me pardonnerez, madame : j'aurais pour votre enfant, si elle était orpheline, tant d'amour !

En même temps Annette, prenant un chapelet rouge et bleu qu'elle portait suspendu à son cou, voulut le briser, pour en offrir une partie à la marquise.

— C'est comme un talisman, disait-elle; puisque c'est une pieuse relique, et les reliques portent bonheur. Vous me promettrez, madame, de garder ces perles ; elles détourneront de vous le malheur qu'un jour, envieuse et méchante, j'ai appelé sur votre tête.

La paysanne, dans sa touchante naïveté, s'imaginait qu'il ne fallait rien moins que le sacrifice de sa relique pour conjurer le mal qu'elle avait désiré.

— Vous m'avez souhaité du mal, pauvre enfant ? soupira enfin Emma d'une voix légèrement tremblante, et en enlaçant sa fille dans ses bras, comme si quelque danger eût menacé celle-ci. Ne saviez-vous pas que le mal que nous désirons aux autres vient nous frapper nous-mêmes ? Mais vous avez repentir et regret ; je vous pardonne donc, et je vous aime.... Aimez-moi à votre tour.

Annette tomba aux pieds de Mme de la Reyrie, qui la reçut dans ses bras.

Pleurant alors d'attendrissement et de bonheur, la petite paysanne reprit le chapelet pour le rompre. Mais du lit où il agonisait, Nicolas Duval avait vu cette scène touchante ; il connaissait les sentiments de sa petite-fille Annette ; la pauvre envieuse les lui avait confiés ; il fit signe aux deux jeunes femmes d'approcher, et, leur mettant la main dans la main :

— Aimez-vous, murmura-t-il ; tous les hommes sont frères et doivent s'entr'aider.

Puis il prit le chapelet rouge et bleu que tenait encore Annette, le passa au cou de la marquise, et tendit à la paysanne un crucifix de bois que saint Vincent de Paul avait lui-même suspendu au chapelet et que Joseph Duval en avait détaché en le donnant au soldat de Villars.

Le bon vieillard expira peu de temps après. Emma sut alors l'histoire du chapelet qu'Annette nommait avec raison une relique.

Nicolas Duval le tenait de son père, lequel le tenait de sa mère. La grand'mère de Nicolas l'avait reçu des mains de saint Vincent de Paul, pendant une mission qu'il avait prêchée dans un hameau que la mère Duval habitait. Mais ce n'était pas un de ces nombreux chapelets que ce saint homme avait bénis et distribués à la multitude.

Un jour qu'il avait, au pied de l'autel de Marie, redit la bonté et la puissance de la mère de Dieu, une pauvre femme, qui pendant tout le sermon avait sangloté, prosternée à deux genoux derrière un pilier et le front appuyé sur les dalles du sanctuaire, vint tomber à ses pieds :

— Mon père, vous avez dit que Marie est bonne, qu'elle est toute-puissante sur le cœur du Tout-Puissant, puisqu'elle le nomme son fils, et qu'une mère peut tout sur le cœur de son enfant.... Vous êtes bon vous-même et charitable, dit-on, comme un saint du bon Dieu. Ayez pitié et conjurez Marie d'avoir pitié de moi. Elle a été mère.... Moi aussi, je suis mère, et voilà que mon fils, ma consolation et mon bonheur, va mourir.... J'ai déjà vu expirer mon homme, le pauvre Antoine Duval; faudra-t-il donc que je voie encore mon unique enfant aller du berceau à la tombe?... Non, n'est-ce pas, mon père, puisque Marie est bonne et toute-puissante, et que c'est à Marie que je donne mon enfant....

La bonne femme entraîna le saint homme dans sa maisonnette, au berceau de l'orphelin. Vincent de Paul baisa l'enfant et pria; puis il le bénit et lui mit au cou le chapelet dont il se servait lui-même chaque jour. Marie eut pitié; l'enfant guérit, et le chapelet resta suspendu au berceau comme un témoignage de confiance envers la mère de Dieu. Dès que l'enfant, Joseph Duval, père de Nicolas, put parler, sa pieuse mère lui enseigna à redire sur chacun des beaux grains rouges et bleus, l'*Ave Maria*.

Instruit du miracle qui l'avait protégé à son berceau et animé d'une pieuse reconnaissance, Joseph ne manqua pas un seul jour de sa vie à cette sainte pratique du chapelet que lui avait inspirée sa vertueuse mère. Mais à une époque bien solennelle, il fit le sacrifice des perles du grand saint; il était père à son tour, et son fils, son unique enfant, Nicolas Duval, s'était enrôlé sous les drapeaux français.

En 1712, la monarchie semblait à la veille de sa ruine. Depuis douze ans, elle soutenait une lutte terrible contre toutes les puissances européennes coalisées contre elle, à cause du testament du roi d'Espagne, Charles II, nommant pour son successeur le duc d'Anjou, petit-fils de Louis XIV. Nos armées, trop souvent dirigées par des généraux médiocres ou inhabiles, adversaires indignes du prince Eugène et de Marlborough, avaient peu à peu perdu leur supériorité et éprouvé enfin de tristes revers; les journées d'Hochstœdt, de Ramillies, de Turin, de Malplaquet, les avaient décimées. Il est vrai que Vendôme, Berwick et Villars avaient encore retrouvé des victoires, et que deux intrépides marins, Jean Bart et Duguay-Trouin, avaient relevé sur les mers le pavillon français. Mais alors tout semblait perdu.

Ce fut en 1712 que parmi tant de jeunes gens qui prenaient les armes pour sauver la France, se trouva Nicolas Duval.

— Va, mon enfant, avait dit Joseph ; il est beau et glorieux de combattre pour son pays. Que Dieu et la

Vierge te protégent !... Ils n'abandonnent jamais ceux qui restent fidèles à la vertu et à l'honneur....

En même temps le fils aimé de Marie (on nommait ainsi le bon Joseph au hameau) avait passé au cou de son fils le chapelet à grains rouges et bleus.

— C'est un talisman, avait ajouté le bon père, ou plutôt c'est une pieuse relique, puisqu'un saint du bon Dieu l'a touché, et que le bon Dieu lui-même, à la prière de sa mère, s'en est servi pour opérer un miracle. Va, mon fils, va ; je te laisse sous la garde de celle qu'on n'a jamais implorée en vain. Surtout n'oublie pas que ceux qui l'aiment et qui portent ses livrées n'ont rien à craindre....

Nicolas baisa respectueusement la relique, embrassa son père, qui étendit sur sa tête ses deux mains bénissantes, et partit. Il était à Denain (14 juillet 1713). Il se battit comme un lion. Après le traité d'Utrecht, il revint sain et sauf sous le toit paternel. De sept qui étaient partis du hameau, il y rentrait seul. Les balles étaient venues se briser sur les perles de son chapelet qu'il portait sur sa poitrine.

Inutile de dire que le pieux Nicolas ne quitta jamais son chapelet.

Le marquis et la marquise suivirent en pleurs le modeste convoi du bon doyen. Ils y conduisirent leur petite Marie, afin qu'elle apprît le respect que tous doivent avoir, quelle que soit d'ailleurs leur position sociale, pour la vieillesse et la vertu. Elle portait au cou le chapelet miraculeux.

— Le saint collier ne la quittera plus, disait la mère, inquiète et craintive.

Mais, après la cérémonie funèbre, Annette vint prier et pleurer aux pieds de la châtelaine.

— Ce n'est pas à l'enfant, dit-elle, que j'ai souhaité du mal, c'est à vous, madame; c'est vous qu'il faut que je protége contre mon vœu imprudent. Pour l'amour de moi, par pitié pour moi, portez donc le chapelet.

La marquise se rendit à tant de prières.

Annette, après avoir de nouveau promis amour, reconnaissance et dévouement, retourna à la petite ferme que son mari possédait à dix lieues de la Reyrie, sur les domaines d'un autre seigneur.

Emma reprit sa vie tranquille et ses bonnes œuvres, jouissant d'un bonheur que venait seul troubler de temps à autre le souvenir des sinistres paroles du vieillard.

Ainsi s'écoula toute une année.

III.

Cependant un sombre horizon se levait sur la France. On était alors en 1788.

Mais qu'on nous permette de reprendre les choses d'un peu plus haut.

Le 10 mai 1774, expira à Versailles le roi Louis XV, qui, dans ses vieux jours, était devenu pour la nation un poids et un opprobre. Le même jour, monta sur le trône un jeune prince qui, désireux de réparer les désordres de son aïeul, n'était destiné qu'à les expier.

Louis XVI, chargé à vingt ans d'un royaume où tout tombait en confusion, voulait sincèrement le bonheur de ses peuples; ses premiers édits eurent pour but de les soulager. L'exemption du droit de joyeux avénement, la destruction des derniers restes de servage dans les domaines de la couronne, la suppression de la torture ou de la question judiciaire pendant les procédures criminelles, annonçaient un règne humain et bienfaisant. Le peuple de Paris regrettait ses magistrats (le Parlement), exilés par le chancelier Maupeou ; ils furent rappelés ; mais ils se montrèrent peu dignes de leur rétablissement par leur résistance à la suppression des corvées, que le ministre Turgot fit prononcer malgré leurs remontrances. Cet homme sage et son noble ami, Lamoignon de Malesherbes, méditaient d'importantes et nécessaires réformes, qui peut-être eussent prévenu les déchirements d'une révolution. Mais de perfides intrigues de cour les forcèrent de s'éloigner. Après eux, des hommes incapables passèrent au gouvernement. Ils furent enfin remplacés par le Génevois Necker, qu'avait précédé une haute réputation et qui eût sans doute rétabli l'ordre dans les finances, sans la guerre d'Amérique, qui nous dévora 700 millions.

En 1776, les colonies anglaises d'Amérique s'étaient déclarées indépendantes de la métropole. Par un traité d'amitié et de commerce, signé à Paris en 1778, Louis XVI les reconnut comme Etat souverain. Il s'ensuivit une guerre entre la France et l'Angleterre. Tandis qu'en Amérique la Fayette et Rochambeau se montraient les dignes compagnons de Washington, d'Astaing, d'Orvilliers, Guichen, la Motte-Piquet, la Touche-Tréville, Suffren, rendaient, sur les mers, au pavillon français la gloire qu'il avait perdue depuis Louis XIV. La guerre, après avoir embrasé les quatre parties du monde, fut terminée en 1783 par un traité qui assura aux Etats-Unis leur indépendance, et à la France quelques médiocres restitutions dans les deux Indes.

La guerre d'Amérique eut pour Louis XVI et pour la France deux résultats à jamais déplorables : ce fut comme un gouffre où nos trésors allèrent s'engloutir et d'où les Français rapportèrent, avec l'esprit d'indépendance, les germes les plus funestes au repos des peuples et des empires.

Cependant la crise financière allait s'accroissant. Joly de Fleury, d'Ormesson, de Calonne, se succédèrent rapidement au ministère sans améliorer la position. De Calonne conseilla au roi de convoquer une assemblée des notables (1787), ce qui ne s'était pas fait depuis cent soixante ans. Mais les sages règlements que le ministre proposa à l'assemblée furent repoussés par Loménie de Brienne, qui succéda à de

Calonne et se retira lui-même après dix-huit mois de vains efforts contre des maux qui devenaient chaque jour plus pressants. Après lui fut rappelé Necker, que le regret public avait suivi dans la retraite. Louis XVI, par son conseil, convoqua les états généraux : c'était appeler bien tard le secours de la France.

La nation n'avait pas exercé ses droits politiques depuis 1614. Au bord du gouffre ouvert par un siècle et demi de guerres et de dilapidations, elle allait faire un usage terrible de ses droits.

Les états généraux s'ouvrirent à Versailles, le 5 mai 1789. Le 17 juin, les députés du tiers-état, avec une partie des députés du clergé, se constituèrent en assemblée délibérante, prirent le nom d'*Assemblée nationale*, et, trois jours après, réunis au Jeu de Paume, firent serment de ne pas se séparer avant d'avoir donné une constitution à la France. Le 23 juin, le roi tint un conseil dans lequel il déclara illégal tout ce qui avait été fait par le tiers-état. Celui-ci persista dans ses arrêtés, attira bientôt à lui les deux autres ordres, et ne forma plus avec eux qu'une seule assemblée, où il domina.

Les débats qui s'élevèrent dans le sein de cette assemblée excitèrent une vive agitation dans la multitude. Alors le peuple prit les armes, forma des barricades, incendia les barrières, renversa la Bastille (14 juillet 1789). Le 6 octobre de la même année, il se porta à Versailles et força le roi à le suivre à Paris.

Les émeutes se succédèrent avec une telle rapidité, et les choses en vinrent à un tel point, que les nobles et les princes quittèrent en foule le royaume. Le roi lui-même tenta de fuir (21 juin 1791); mais il fut arrêté à Varennes, ramené dans la capitale, suspendu de ses fonctions et emprisonné, pour ainsi dire, dans le palais des Tuileries.

Le 30 septembre 1791, l'Assemblée constituante remit ses pouvoirs à l'Assemblée législative, après avoir supprimé la noblesse avec tous ses priviléges, mis les biens ecclésiastiques à la disposition de l'Etat, comme biens nationaux, partagé la France en départements, créé un papier-monnaie sous le nom d'*assignat*, proclamé la liberté des opinions religieuses, etc.

La nouvelle Assemblée devait aller plus loin que sa devancière. Dès ses premières séances, elle séquestra les biens des princes français, condamna à mort les émigrés qui ne rentreraient point dans un délai fixé, et ordonna la déportation de tout ecclésiastique qui ne se soumettrait point à la constitution civile du clergé. Le roi ayant refusé de sanctionner immédiatement ces décrets, les agitateurs ameutèrent les habitants des faubourgs Saint-Marceau et Saint-Antoine, et les conduisirent en armes aux Tuileries.

On sait le 20 juin 1792. Le courage, la fermeté et la vertu déconcertèrent la rébellion. Mais le 20 juin fut suivi du 10 août (1792). Au 10 août, il n'y avait du côté du roi ni moins de vertu, ni moins de fermeté, ni moins de courage ; mais il y avait dans les rebelles plus d'audace et de scélératesse, et les rebelles l'emportèrent. L'infortuné Louis XVI, obligé d'aller chercher un refuge dans le sein même de l'Assemblée d'où le complot était parti, entendit prononcer sa déchéance. Il fut, deux jours après, transféré avec sa famille ou plutôt emprisonné dans la tour du Temple.

Des décrets d'accusation furent lancés contre les personnes les plus illustres ; le sang coula à grands flots sous la fatale guillotine.... Mais la hache révolutionnaire n'allait point assez vite au gré de ces hommes ivres de fureur et de sang, et le 2 septembre, au cri affreux et unique dans l'histoire : « Egorgeons les prisonniers, » le peuple se porta aux prisons et immola des milliers de prêtres et de nobles.

Quinze jours après les boucheries de septembre, la Convention nationale remplaça l'Assemblée législative. Son premier acte fut l'abolition de la royauté et la proclamation de la république (21 septembre 1792). Peu après, tandis que Kellermann, Dumouriez, Custine, Anselme, Montesquiou, etc., conduisaient de toutes parts ses armées à la victoire et délivraient le territoire français envahi par les Autrichiens et les Prussiens, elle fit comparaître le roi captif à sa barre.

On connaît la brillante plaidoirie du jeune Desèze, l'inique jugement du 17 janvier, l'odieux supplice du 21....

Mais nous oublions notre castel de la Reyrie; nous oublions Emma, ses pauvres et son enfant....

Hélas! tout le bonheur qui environnait la jeune marquise s'était évanoui durant ces jours de deuil qui avaient pesé sur la France entière et qui présageaient de plus tristes jours encore.

La nouvelle du 10 août se répandit en France avec la rapidité de l'éclair; elle pénétra jusque dans nos campagnes de la Vendée; le décret qui abolissait tous les priviléges féodaux retentit sous les toits de chaume. De toutes parts, on maudit les factieux, les insensés qui renversaient à la fois le trône et les autels.... Une insurrection éclata à Bressuire, un combat eut lieu.... Mais nos Vendéens n'avaient point à pleurer seulement sur leurs prêtres enlevés de force de leurs bras, sur leur roi environné de mille morts ; on les menaça de leur arracher leurs enfants. La levée de trois cent mille hommes, ordonnée par la Convention, produisit dans la petite province jusque-là sans nom et presque sans gloire une insurrection nouvelle. Un perruquier, nommé Gaston, se mit à la tête des insurgés. Il fut tué en marchant contre l'ennemi....

Alors arriva le 21 janvier 1793.... Un seul cri retentit dans la Vendée, cri de douleur et de vengeance. La même pensée, la même résolution avait inspiré tous les cœurs, remué toutes les lèvres.

A ce cri succéda un long silence : chacun se préparait.

Cependant le décret sur la conscription recevait en tous lieux son exécution. Le tirage avait été indiqué pour le 10 mars à Saint-Florent-le-Vieil, petite ville située à quinze ou vingt lieues de la Reyrie. Les jeunes gens s'y rendirent en foule à l'heure indiquée. Les députés de la Convention les haranguèrent et crurent triompher de leur résistance par le mépris, l'insulte et la menace. Une pièce de canon fut même braquée contre les fils de nos Vendéens. Le feu partit sur le refus de ceux-ci de se soumettre, et les jeunes gens furieux s'élancèrent sur la pièce de canon et l'enlevèrent. Alors tout se dispersa devant eux ; la maison du district qu'occupaient les républicains fut pillée, leurs papiers furent brûlés ; on s'empara de leur caisse, qui fournit aux réjouissances de cette première victoire.

Les Vendéens avaient triomphé de la gendarmerie ; ils s'étaient emparés de deux couleuvrines et de quelques fusils. Mais ils n'avaient point de chef ; et quand la première ivresse du succès fut passée, ils ne songèrent pas sans effroi que les républicains, animés par le désir de la vengeance, reviendraient avec de nouvelles forces. Des chefs expérimentés pouvaient seuls les sauver. Ces chefs étaient tout trouvés : leurs châtelains.

Nous avons dit que tout bonheur s'était évanoui au castel dès les premiers jours de la révolution. Se renfermant dans une plus sévère solitude, Philippe et Emma avaient déploré ensemble les malheurs qui menaçaient la France. Ils s'affligeaient surtout des progrès effrayants de l'irréligion.

La nouvelle de la mort du roi porta le deuil et l'effroi au petit castel.

Emma et Philippe pleuraient sur les maux qui accablaient la France, quand, le 11 mars 1792, ils entendirent tout à coup les cris de vive Philippe de la Reyrie ! mêlés aux cris répétés de vive le roi !

La cour d'honneur fut bientôt remplie de paysans vendéens, et ce mot retentit de toutes parts :

— Nous vous choisissons pour notre général, et vous marcherez à notre tête.

— Mes amis, mes enfants, s'écria Philippe en s'arrachant des bras de la malheureuse Emma, qui cherchait en vain à le retenir, et en paraissant au balcon, ne savez-vous pas que la révolte contre la république, c'est la mort ?...

— Défendre la cause de Dieu et du roi, ce n'est point se révolter. Nos vœux sont légitimes. Qu'on relève le trône, qu'on nous laisse nos enfants, qu'on nous rende nos prêtres ; car les prêtres que la république nous donne ne sont pas ceux qui ont béni nos pères à leur lit de mort, et qui nous ont bénis au jour du baptême.

Philippe demanda du temps pour réfléchir. Mais comme les paysans insistaient avec la plus vive ardeur :

— Eh bien ! dit-il, êtes-vous irrévocablement décidés à tout sacrifier à la cause sacrée que vous voulez défendre ? Promettez-vous de ne jamais l'abandonner ?

— Oui, oui, s'écrièrent-ils tous à la fois.

— Jurez donc avec moi d'être fidèles à notre sainte religion, à notre jeune roi détenu dans les fers, à la patrie.

Tous prêtèrent serment avec ce cri solennel : « Vive le roi ! Mourons, s'il le faut, pour la défense du trône et des autels ! »

Le même jour, Philippe de la Reyrie allait rejoindre Bonchamp avec tous les habitants de ses domaines en état de porter les armes, et il adressait pour adieux à sa jeune femme ces paroles remarquables :

— Armons-nous de courage, redoublons de patience et de résignation.... Nous verrons brûler nos châteaux, nous serons dépouillés, proscrits, outragés, calomniés, et peut-être immolés ! Remercions Dieu de nous accorder ses lumières, puisque cette prévoyance, en redoublant le mérite de nos actions, nous fera jouir par avance de l'espoir céleste que doivent donner la constance inébranlable dans les périls et le véritable héroïsme dans les revers. Enfin, élevons nos âmes et nos pensées vers le ciel : c'est là que nous trouverons un guide qui ne peut égarer, une force que rien ne saurait ébranler, et un prix infini pour les travaux d'un moment.

Emma eût tout quitté pour suivre son mari et partager ses dangers; mais la petite Marie était dangereusement malade, il lui fallait veiller sur le berceau de son enfant.

L'infortunée faillit mourir de douleur au moment cruel de la séparation.

Tandis que Philippe de la Reyrie rejoignait à Saint-Florent l'illustre Bonchamp, se mettait sous ses ordres, conférait avec lui sur les mesures les plus sages à prendre dans les conjonctures critiques où l'on se trouvait, battait les républicains dans une première rencontre à Saint-Florent même, Jacques Cathelineau, pauvre voiturier qui cachait sous la bure du paysan le cœur d'un héros et la piété d'un saint, sortait de sa chaumière du Pin-en-Mauge à la tête de deux cents paysans armés de bâtons, s'emparait de Jallais et de Chemillé, et se présentait devant Chollet.

Cathelineau fut rejoint sous les murs de Chollet par Laforêt, jeune paysan du bourg de Chanzeaux, qui lui amenait sept cents Vendéens; par Stofflet, garde-chasse de M. de Colbert, qui en commandait deux mille autres, et par le général Sapinaud. Cinq cents dragons et les patriotes des environs s'étaient enfermés dans Chollet pour défendre la place, et le commandant leur conseillait de ne point quitter leur poste. Mais dès que les dragons aperçurent les Vendéens, rien ne put les retenir, et ils firent une sortie, s'imaginant que quelques coups de fusils auraient bientôt dispersé une poignée d'hommes sans armes et sans expérience. Ils s'avancèrent jusqu'au bois Gralot, où ils se rangèrent en bataille. Les Vendéens, ignorant le danger auquel ils s'exposaient, avancèrent en tirant: « Les fusils marchaient devant et les faux derrière. » La première décharge qu'ils firent sur les patriotes fut si bien ajustée, que le colonel des dragons fut renversé sans vie. Encouragés par ce succès, les royalistes s'élancèrent aussitôt sur la colonne ennemie et la mirent en fuite. Cathelineau, Stofflet, Laforêt et Sapinaud entrèrent à Chollet, où ils trouvèrent plusieurs barils de poudre, six cents fusils et quatre pièces de canon, parmi lesquelles cette célèbre *Marie-Jeanne* à laquelle les Vendéens semblaient attacher leur destinée.

Marie-Jeanne était une pièce de canon de douze dont Louis XIII avait fait présent au cardinal de Richelieu, et que celui-ci avait fait placer à son château de Richelieu. Les patriotes s'en étaient emparés pour s'en servir contre les brigands, nom donné aux combattants vendéens.

La prise de Chollet fut le signal du soulèvement de toute la Vendée. Alors parurent, à la tête des paysans de toutes les paroisses, d'Elbée, de Mérigny, de

Lescure, d'Autichamp, Henri de la Rochejaquelein, etc. On sait que la Rochejaquelein haranguait ses combattants avec ces mots, qui n'ont rien de comparable ni dans les temps anciens ni dans les temps modernes : « Si j'avance, suivez-moi; si je recule, tuez-moi; si je meurs, vengez-moi. »

Le nombre de ceux qui couraient aux armes pour la défense du trône et de l'autel devenant chaque jour plus considérable, ils prirent le nom d'*armée catholique et royale*. Le pays fut partagé en divisions militaires. Charette fut nommé généralissime de la Vendée inférieure; d'Elbée, placé à la tête des forces de la haute Vendée, fut secondé par Bonchamp, de la Reyrie, Soyer, de Fleuriot, Scépeaux.

Après Pâques, les Vendéens se réunirent à Chollet, battirent plusieurs fois le général Ligonier, prirent Bressuire et Argenton, et se portèrent sur Thouars.

Une muraille gothique et une rivière profonde environnaient cette ville. Il fallut s'en ouvrir les avenues par un combat sanglant. Enfin, l'assaut fut donné, et la place fut emportée. Dix mille républicains, une nombreuse artillerie, des munitions de toutes sortes, demeurèrent aux mains des vainqueurs.

Cet éclatant triomphe fut suivi d'un cruel revers. Charette et d'Elbée se portèrent sur Fontenay, où le général républicain Chalbot s'était enfermé avec un nombre considérable de troupes. L'attaque fut mal combinée ; les royalistes éprouvèrent des pertes immenses : plus de quatre cents des leurs restèrent sur le champ de bataille, et toute leur artillerie tomba aux mains des ennemis avec la fameuse *Marie-Jeanne*, qu'avant le combat ils avaient parée de rubans et de fleurs.

Bonchamp et son fidèle compagnon, Philippe de la Reyrie, n'étaient pas à Fontenay. En apprenant cette terrible défaite, ils rejoignirent à Parthenay les débris de l'armée vaincue. On tint conseil, et l'on marcha de nouveau sur Fontenay.

L'armée catholique et royale, forte de quarante mille hommes, arriva dans la plaine qui environne la ville, le 25 mai, vers le milieu du jour.

Les généraux républicains et les représentants du peuple en mission, réunis alors dans un banquet, étaient loin de penser que les Vendéens viendraient troubler la fête. On leur donne avis de leur arrivée ; il se fait un grand tumulte parmi les convives ; plusieurs pensent que c'est une fausse alerte. Mais l'ennemi approche, il n'y a plus à douter, et de toutes parts on court aux armes.

Déjà l'armée royale se rangeait dans la plaine en

ordre de bataille. Henri de la Rochejaquelein et Domagné commandaient le centre; de Lescure, l'aile gauche; Bonchamp, et, sous ses ordres, Philippe de la Reyrie, à la tête de ses paysans enrégimentés, l'aile droite.

Avant de s'élancer sur l'ennemi, les Vendéens tombèrent à genoux, implorant le Dieu des combats et s'inclinant sous la main bénissante de leurs prêtres.

Les quarante mille héros vendéens se relèvent à ce cri poussé d'une seule voix : *Dieu et Louis XVII!* Ils courent impétueusement à l'ennemi. On charge de part et d'autre, et cette première lutte est meurtrière. Alors la cavalerie républicaine s'ébranle; les Vendéens reculent... Puis Vendéens et cavalerie s'arrêtent à la fois.

Lescure, qui craint déjà une défaite, essaie de ramener la victoire sous le drapeau blanc. Tout dévoué à la sainte cause qu'il a entrepris de défendre, il s'avance seul à trente pas de l'ennemi, en criant : « Vive le roi! » Six pièces à mitraille lui répondent. « Mes enfants, dit-il alors en rejoignant ses troupes, vous voyez que les Bleus ne savent pas tirer. »

A ces mots, des milliers de voix s'écrient : « Allons reprendre *Marie-Jeanne!* » Et les royalistes s'élancent avec plus d'impétuosité que la première fois. Ceux qui n'avaient pour armes que des bâtons ferrés se jettent sur les canons, et ils les emportent en un instant.

Les patriotes, déconcertés de cette brusque attaque, cherchent leur salut dans la fuite et rentrent pêle-mêle dans la ville. Les Vendéens y entrent après eux. Ils auraient fait un horrible carnage, sans ces cris généreux de leur chef : « Bas les armes ! Grâce aux vaincus ! »

Quarante pièces d'artillerie, et parmi elles la célèbre *Marie-Jeanne*, tombèrent au pouvoir des paysans, qui ne quittèrent les champs de Fontenay que pour courir à Niort, qu'ils emportèrent, et à Saumur, où les attendait une nouvelle et plus brillante victoire : ils triomphèrent du farouche Santerre lui-même.

Cathelineau, nommé généralissime, conduit les Vendéens sous les murs de Nantes. Alors la Convention tremble au milieu de ses échafauds et déclare que la république est en danger....

Mais laissons Cathelineau soumettre sur son passage Angers, Ancenis, Oudon, etc., et retournons un instant sur le champ de bataille de Fontenay, que nos Vendéens ont depuis longtemps abandonné, après y avoir cueilli des palmes immortelles de gloire.

Au moment où tout fuyait à Fontenay devant nos

héroïques Vendéens, Philippe, séparé de sa petite troupe au milieu du tumulte, se trouva menacé par deux républicains. Déjà les bras des Bleus étaient suspendus sur sa tête. Il se rejeta en arrière, saisit un de ses pistolets, étendit l'un des ennemis à ses pieds.... Il allait s'élancer sur l'autre, le sabre à la main, quand celui-ci, se prosternant devant lui, lui demanda grâce au nom de sa femme mourante, au nom de neuf enfants qui allaient rester orphelins....

— Abandonne la cause de la république, dit Philippe, et crie avec nous : « Vivent Dieu et le roi ! » Nous ne te demandons point de tourner tes armes contre ceux que tu as servis; mais rentre dans tes foyers, console cette compagne qui languit sur un lit de mort; donne, par un travail honnête, du pain à tes enfants.

Le Bleu cria : « Vivent Dieu et le roi ! » Mais en même temps il reprit une position avantageuse et tira sur l'homme généreux qui venait de lui laisser la vie.

Au moment où Philippe tombait, quelques soldats de Lescure, le reconnaissant, accoururent à son aide, le reçurent dans leurs bras et voulurent massacrer son meurtrier.

— Qu'on lui laisse la vie, dit le marquis défaillant.

Il m'a imploré au nom de sa femme et de ses enfants. C'est au nom d'Emma et de ma fille que je lui pardonne.

Le Bleu attendri se jeta aux pieds de celui qui avait été deux fois son sauveur, et dont lui, hélas! n'avait été que le lâche meurtrier. Il jura de ne le quitter jamais, de servir Dieu et le roi à ses côtés, de lui faire en toutes rencontres un rempart de son propre corps, de mourir pour lui, s'il le fallait....

La cause de Louis XVII n'eut point de défenseur plus fidèle.

IV.

Les paroles du bon Nicolas étaient donc prophétiques : ils étaient arrivés pour la jeune marquise, les jours d'épreuve et de douleur.

Si Mme de la Reyrie n'eût point été mère, rien n'eût pu la retenir au castel ; elle eût affronté tous les dangers pour suivre son époux, pour veiller sur ses pas, combattre même à ses côtés. Mais son enfant.... Son enfant, cette pauvre petite créature qu'elle avait, pour ainsi dire, arrachée à la mort par ses soins, sa tendresse, ses larmes, ses prières ; pour qui Dieu peut-être avait fait un miracle ; car Marie, après deux heures de faiblesse, n'avait donné signe de vie que lorsque la mère éplorée s'était souvenue du chapelet rouge et bleu d'Annette et avait fait toucher à ses lèvres déjà glacées les perles bénies.

Depuis que Philippe avait quitté la vie paisible et heureuse du castel pour le tumulte et les dangers du champ de bataille, la pauvre jeune femme n'était plus que l'ombre d'elle-même. Une pâleur mortelle défigurait ce visage si beau, si gracieux, qu'on avait tant admiré ; ses yeux étaient constamment rouges et gonflés de pleurs ; une amère tristesse, une sombre mélancolie voilaient son front et ses regards. Pourtant elle était soumise et résignée à tous les décrets de la Providence ; sans cesse elle répétait :

— Il faut vouloir ce que Dieu veut.

En l'absence de son mari, elle continuait à partager ses jours entre la prière, les vassaux du domaine et son enfant.

La santé de Marie lui causait les plus vives alarmes : l'enfant ne reprenait point de force ; les roses de ses joues semblaient avoir à jamais disparu, le feu de ses regards s'être à jamais éteint.

Philippe fut alors apporté au château de la Reyrie par seize hommes choisis par le sort entre tous les vassaux de ses domaines.

Nous n'essaierons pas de peindre la douleur de

l'infortunée Emma, quand elle vit entrer dans la cour du manoir le triste cortége. S'imaginant que le marquis avait cessé de vivre, égarée par l'excès de la douleur et du désespoir, elle s'élança, en poussant des cris lamentables, au-devant du cortége.

Au milieu de son désespoir, elle n'avait point oublié pourtant le petit chapelet rouge et bleu ; elle l'avait arraché au berceau de son enfant et le pressait dans ses mains tremblantes, comme s'il eût suffi de l'attouchement de la pieuse relique pour obtenir de Dieu une manifestation éclatante de sa toute-puissance.

Enfin elle arriva près du brancard ; elle ne vit point Philippe qui souriait, qui lui tendait les bras; son imagination, frappée de lugubres images, lui montra un cadavre sanglant, un suaire, des linceuls.... Ses jambes chancelèrent alors, ses genoux plièrent; elle tomba sans vie; mais en tombant, elle tendit vers ceux qui l'entouraient des mains suppliantes et leur présenta le chapelet béni.

Dans ce regard mourant, il y avait toute une prière; il semblait dire : « Qu'on fasse toucher la relique à son cœur et à ses lèvres, et il me sera rendu.... Marie est si bonne et si puissante ! »

Après un évanouissement de quelques heures, Emma se retrouva dans les bras de son époux : Dieu n'avait point fait un miracle, mais la pieuse marquise pourtant exaltait Marie.

— Sans Marie, murmurait-elle en pressant à la fois sur son cœur Philippe et son enfant, sans Marie, que j'ai tant priée pour toi en baisant les perles du chapelet, tu serais mort sous les coups de l'infâme meurtrier : Marie te protégeait et t'a conservé à mon amour.

On devine sans peine avec quelle ardeur, avec quelle tendresse la jeune femme soigna le marquis.

Tandis que Philippe était retenu sur un lit de douleur, la lutte continuait, active, terrible, sanglante, entre les nombreuses légions que la Convention envoyait en Vendée et les zélés défenseurs de Dieu et de Louis XVII.

Nous avons vu l'occupation d'Angers, d'Ingrande, d'Ancenis, d'Oudon, etc., par l'armée catholique et royale. Cette armée se portait sur Nantes, où s'était enfermé l'un des plus illustres généraux républicains, Canclaux. Charette devait attaquer la ville du côté de Pont-Rousseau, tandis que la grande armée, forte de quarante mille hommes et commandée par Cathelineau, livrerait assaut vers les portes de Paris, de Rennes et de Savenay. Il était convenu qu'on se ferait des signaux sur les deux rives, afin qu'il y eût plus d'ensemble dans la marche et dans l'attaque.

Le 28 juin 1793, au soir, Canclaux fut averti par ses avant-postes qu'on apercevait au loin certains feux comme des fusées volantes et des ballons illuminés, et que l'on entendait des cris semblables aux mugissements du taureau. (A défaut de tambours, les Vendéens hurlaient dans des cornes de bœuf, comme font les pâtres pour rassembler leurs bestiaux.) Canclaux ne douta point de l'approche de l'ennemi, et il fit aussitôt ses préparatifs de défense. Il n'avait que dix mille hommes, tant de troupes de ligne que de garde nationale; mais il suppléa au nombre par l'habileté de ses dispositions.

Le 29, à la pointe du jour, l'attaque commença. Les Vendéens s'élancèrent plusieurs fois jusque daus les jardins des faubourgs, en vinrent à l'arme blanche. Ils allaient triompher, quand Cathelineau tomba.... L'effroi remplit tous les cœurs. Le chef bien-aimé qui toujours les menait à la victoire n'était plus à leur tête; quelle espérance de succès possible?

Voyant le découragement, la consternation de leurs paysans, les chefs levèrent le siége et opérèrent la retraite sur Niort et Ancenis.

Ancenis, Angers, Saumur et Doué retombèrent au pouvoir des républicains.

Un instant, les royalistes furent battus sur tous les points. Westormaux, un des plus farouches champions de la république, traversa rapidement la Vendée, brûlant sur son passage Amailloux, Clisson, Bressuire, et se porta sur Châtillon, où les Vendéens avaient établi le siége de leur magistrature. Lescure voulut secourir Châtillon.. Il rassembla à la hâte huit à dix mille paysans et courut attendre Westormaux sur une hauteur appelée le Moulin-aux-Chèvres. D'abord il eut l'avantage, et enveloppa de toutes parts les républicains ; mais ceux-ci parvinrent à faire une trouée et à passer triomphants au milieu de leurs ennemis. Châtillon tomba au pouvoir des Bleus. Ils ne possédèrent point longtemps cette ville importante. Les chefs vendéens firent un appel général à leurs valeureuses légions.

Ce fut alors que Philippe, bien qu'il se tînt à peine à cheval, s'arracha des bras de sa compagne chérie.

— Laisse-moi te suivre, murmura la malheureuse Emma aux derniers adieux. Un affreux pressentiment remplit mon âme et la glace d'effroi ; une voix secrète me dit au fond du cœur que je ne te reverrai plus.

— Ayons confiance en Dieu, Emma ; c'est lui et l'honneur qui m'appellent. Ta douleur brise mon âme.

Mais jette les yeux autour de toi : quand toute la noblesse de la Vendée court aux armes, puis-je me cacher lâchement au fond du castel ?

— Je ne cherche point à te retenir ; mais permets-moi de partager tes dangers. Tant d'autres femmes suivent leurs époux jusque sur les champs de bataille, jusqu'au milieu de la mêlée.

— Ces femmes-là ne sont point mères.

— Marie a huit ans à peine ; mais sa raison, si rapidement développée au milieu de nos angoisses et de nos malheurs, m'étonne et m'effraie. La pauvre enfant souffre autant que moi d'une si affreuse séparation. En vain je cherche à lui cacher mes inquiétudes et mes larmes. Faut-il s'étonner de son état de souffrance ? Si tu nous permettais à toutes deux de te suivre, Philippe, tu nous verrais, au milieu des succès et du triomphe éclatant qui attendent, on n'en peut douter, les héros vendéens, tu nous verrais, dis-je, renaître à la santé, à l'espérance, au bonheur.

— Oui, le triomphe attend ce petit peuple dont le dévouement sublime à une cause si juste, si noble, si sainte, mais si malheureuse, n'a point d'exemple dans l'histoire du monde ; mais jusqu'à ce triomphe, que d'efforts, que de souffrances, hélas !... Combien encore arroseront de leur sang ce sol héroïque !... Emma, au combat, Dieu me fait la grâce d'oublier tout pour ne songer qu'à lui et au roi enfant qui gémit dans les fers. Je sais en sûreté tout ce que j'ai de plus cher au monde, ma femme et mon enfant, et cette pensée me rassure. Mais s'il me fallait à tout instant trembler pour vos jours, non, je n'aurais plus de force, je n'aurais plus de courage.... Tu parles de devoir, pauvre amie.... Ton devoir, c'est de veiller sur ton enfant, de la protéger, de tout sacrifier pour elle, d'immoler même à son amour tes affections les plus légitimes et les plus saintes....

Et Philippe déposa un dernier baiser sur le front pâle de la jeune femme, pressa une fois encore sa main sur son cœur, et courut embrasser et bénir sa fille, étendue de nouveau sur un lit de douleur.

La mère avait prié, la pauvre petite pleura. Le courageux Philippe sut résister aux larmes et aux prières. Il ne pouvait associer sa femme et sa fille à ses dangers, il ne le devait pas. Il ne savait point, hélas ! que, loin de lui, leurs dangers seraient plus grands.

Peut-être de funestes pressentiments troublaient-ils aussi l'âme du malheureux époux, du malheureux père ; car, après avoir embrassé sa femme, après avoir béni sa fille, après être même monté à cheval, il revint pour les embrasser, pour les bénir encore.

Il les trouva enlacées dans les bras l'une de l'autre, pleurant et priant; roulant à la fois sous leurs doigts et pressant sur leurs lèvres les perles rouges et bleues du chapelet....

Suivit une scène que nous n'essaierons point de décrire. Philippe était un lion au combat; mais, entre Emma et Marie, il se laissait aller à toutes les émotions, à tous les épanchements d'une âme sensible et aimante.

— Dieu le veut! murmura-t-il en s'arrachant enfin aux douces étreintes de sa femme et de sa fille.

— Et il faut vouloir tout ce que Dieu veut, ajouta Emma.

— Mais Dieu voudra la paix, la joie, le bonheur pour un si bon père, pour une si tendre mère, soupira à son tour la petite Marie. Oui, Dieu voudra, répéta-t-elle en pressant sur ses lèvres d'enfant le chapelet aux grains bénis, puisque Marie est notre protectrice et notre mère, et Marie est si puissante et si bonne!

En même temps, Marie de la Reyrie, souriant d'amour à la pensée de la bonne Vierge, tout en versant des pleurs sur le départ de son père et la douleur de la pauvre Emma, brisa le chapelet, comme Annette avait tenté de le faire au pied du lit de mort de Nicolas

Duval, et en donna une partie au soldat vendéen, l'autre partie à la marquise.

Le père et la mère tombèrent spontanément à genoux.

— C'est un ange que Dieu nous a envoyé pour nous soutenir dans nos épreuves et nos peines, murmurèrent-ils en couvrant de baisers et de larmes le visage de leur enfant.

— Marie, ajouta Philippe d'une voix tremblante d'émotion, n'oublie pas que tu as choisi la sainte Vierge pour ta patronne, ta protectrice et ta mère. Si la mort nous frappait durant ces luttes sanglantes, sois forte et courageuse, puisque tu ne resteras point orpheline.

— Sois forte et courageuse, répéta Emma. Il n'a rien à craindre, celui qui a Marie pour mère.

Philippe et Emma bénirent ensemble leur enfant.

Le guerrier cacha alors sous son armure la moitié du chapelet béni, déposa un dernier baiser sur le front pâle de sa femme et de sa fille, et sortit sans oser leur donner un autre regard. Il commandait à sa fille la force et le courage, il devait se montrer courageux et fort.

Philippe emportait la moitié du chapelet. Ce souvenir rendit l'espérance à la pieuse marquise.

— Tu as eu une bonne pensée, mon enfant, dit-elle en pressant la petite fille sur son cœur. Marie aura pitié de lui.

Marie de la Reyrie était alors une charmante enfant de huit ans à peine. Mais tant de fois elle avait vu pleurer sa mère, tant de fois elle avait été la confidente de ses angoisses, que la raison chez elle avait devancé l'âge. Elle avait, pour ainsi dire, sucé l'amour du bien avec le lait qui l'avait nourrie. On l'avait vue joindre ses petites mains pour la prière, quand elle était encore au berceau ; on l'avait entendue murmurer les doux noms de Jésus et de Marie ; on l'avait vue enfin, portée entre les bras de sa pieuse et charitable mère, distribuer les aumônes du marquis et de la marquise de la Reyrie. Dans tout le domaine, on disait le *petit ange* pour désigner l'héritière du castel, comme l'on nommait Philippe le *bon seigneur* et la douce Emma la *bonne dame*.

Nous naissons tous avec un funeste penchant au mal. Il ne serait donc pas vrai de dire que la petite Marie fut exempte de cette loi commune à tous les hommes. Le premier penchant que l'on put remarquer en elle fut une sotte fierté, un insupportable orgueil.

La marquise mit tout en œuvre pour extirper ce défaut naissant.

— Pourquoi es-tu orgueilleuse, mon enfant? lui disait-elle souvent, quand elle fut en état de la comprendre. Est-ce de ta naissance, de ta fortune, que tu es si fière? C'est de Dieu seul que tu tiens toutes ces choses; c'est à Dieu, et non à toi-même, que tu dois reconnaissance, honneur et actions de grâces. Mais sache que le Dieu qui t'a tant donné peut te retirer tous ses dons. Aujourd'hui ton père est honoré et puissant, demain peut-être il sera méprisé; aujourd'hui il est riche, demain il sera peut-être plus pauvre que le plus pauvre de ses domaines. Le Seigneur permet souvent de ces renversements de fortune, afin que l'homme n'attache point son cœur à des biens et à des trésors méprisables en eux-mêmes. Et le bon Dieu qui t'a tant donné, ma fille, pourquoi t'a-t-il choisie entre mille? Quels titres, quels droits avais-tu à une haute naissance, à un rang élevé, à des honneurs, à des richesses? Aucun, sans doute. C'est là un incompréhensible mystère. Mais puisque tu as été choisie, montre-toi digne, mon enfant. Plus nous sommes élevés, plus nous devons être vertueux, parce que plus de regards sont fixés sur nous et plus de personnes sont portées à agir comme nous.

VI.

Westermann avançait rapidement. Chaque combat lui valait une victoire. Il soumettait les villes, les livrait au pillage, promenait de toutes parts l'incendie dans les campagnes. L'effroi remplissait tous les cœurs.

Les chefs vendéens firent un nouvel appel aux paysans. Toute la Vendée se leva à leur voix. Ils résolurent alors d'attaquer sans retard Westermann victorieux, et ils se portèrent sur Châtillon, qu'ils voulaient à tout prix lui reprendre.

Son avant-garde fut culbutée à l'endroit même où, quelque temps auparavant, il avait triomphé de l'armée catholique et royale. Mais, après ce premier succès, les Vendéens hésitèrent, effrayés par quelques décharges à mitraille. Bonchamp ordonna aux siens de se glisser ventre à terre à portée de fusil et de tuer les canonniers sur leurs pièces. Cet ordre fut exécuté avec une étonnante intrépidité. En un moment toute la ligne fondit sur l'ennemi ; Westermann abandonna ses canons, ses munitions, ses bagages, et les deux tiers de ses troupes furent mis hors de combat.

Après la victoire, le conseil supérieur rentra à Châtillon et s'assembla. Il s'agissait de nommer un successeur au brave Cathelineau. D'Elbée fut élu.

Les dévastations causées par Westermann n'empêchèrent point sa disgrâce. Il fut remplacé par un général plus farouche, plus féroce encore.

Le premier combat du nouveau chef des républicains fut une victoire. Les Vendéens plièrent à Martigné-Briant. Bonchamp y fut blessé et obligé de se retirer à Jallais.

La guerre continuait sur tous les points de la Vendée, et l'armée catholique et royale remportait chaque jour de nouveaux succès. La Convention, alarmée, appela en Vendée la brave garnison de Mayence.

La ville de Mayence, dont les Français s'étaient

emparés l'année précédente, avait été bloquée pendant plusieurs mois par les Impériaux. Après un siége des plus meurtriers, sa garnison, ne recevant pas de secours, avait été obligée de capituler. Elle avait promis de ne pas servir pendant un an contre les puissances liguées, et était rentrée en France avec tous les honneurs de la guerre. La Convention, en l'opposant aux Vendéens, ne lui faisait point enfreindre sa capitulation. Elle vint donc à Tours, sous les ordres des généraux Aubert-Dubayet, Kléber, Beaupuis, Haxo, Sainte-Suzanne, Jordy, etc.

Il y avait alors une inconcevable activité dans les chaumières de la Vendée et dans les bourgs et les villages dont les paysans s'étaient rendus les maîtres. On fabriquait grossièrement des armes; les pâtres, devenus guerriers, faisaient de leurs paisibles cabanes des ateliers où retentissait le fer sous les coups redoublés du marteau. Les instruments aratoires destinés à la culture se transformaient en armes meurtrières. Faits pour contribuer à propager les substances nécessaires au soutien de la vie, ils allaient porter la mort et la destruction dans ces mêmes champs qu'ils auraient dû fertiliser. Cependant l'agriculture n'était point abandonnée; la culture était confiée aux femmes et aux enfants. Mais si la fortune trahissait le courage des guerriers, les femmes aussitôt quittaient leurs travaux pour voler à leur secours, pour protéger leurs retraites et même pour combattre avec eux, afin de chasser l'ennemi. Dans les batailles, l'air retentissait mille fois des cris redoublés de « Vive la religion! vive le roi! vivent les Bourbons! » Ils ne marchaient point à l'ennemi, ils se précipitaient sur lui; la flamme du canon était pour ces paysans le signal de se jeter à terre pour invoquer le Dieu des armées; la détonation, celui de se relever rapidement pour s'élancer sur les batteries, en écrasant avec une inconcevable vélocité tout ce qui offrait de la résistance. S'ils rencontraient sur leur chemin une croix de mission, aussitôt toute l'armée était à genoux et priait.

Les chefs vendéens se rassemblèrent à Tremblay et y tinrent conseil, pour aviser au moyen de résister aux Mayençais. Quelques-uns proposèrent de passer la Loire et de faire en Bretagne une diversion qui diviserait les forces républicaines. Les autres, plus nombreux, furent d'avis de rester en Vendée. Ce fut la ruine du parti.

Les républicains avançaient rapidement; en peu de temps ils soumirent Machecoul, Villeneuve, Légé, etc.

Le danger qui pressait les Vendéens ranima leur

courage et accrut leur audace. Ils attaquèrent l'avant-garde de l'armée de Mayence entre Clisson et Mortagne, et lui prirent son artillerie légère. Quelques jours après, ils la battirent encore à Torfou. La colonne de droite, commandée par Beysser, fut surprise le 19 septembre 1793, vers quatre heures du soir, à Montaigu. Au moment de l'apparition des royalistes, le général républicain s'enivrait avec ses principaux officiers; à peine eut-il le temps de monter à cheval. L'attaque fut terrible; les corps mayençais, quelque aguerris qu'ils fussent, n'y purent résister et se sauvèrent à Nantes.

De Montaigu, les Vendéens, au nombre de plus de trente mille, coururent à Saint-Fulgent, où campait un autre corps républicain.

Ils arrivèrent dans les environs à la brune et à petit bruit; ils enveloppèrent les soldats de la Convention, de manière cependant à laisser la route libre dans une circonférence d'une demi-lieue; ensuite, quand ils les virent réunis et engagés sur la route avec toute leur artillerie, ils poussèrent des cris de fureur et firent un feu de mousqueterie et d'artillerie tel, qu'ils jetèrent l'épouvante dans l'armée républicaine. Celle-ci voulut se défendre, mais la confusion se mit dans ses rangs en même temps que l'obscurité s'accrut; elle n'entendit plus la voix de ses chefs, et elle ne chercha plus son salut que dans la fuite. Les royalistes, qui occupaient toutes les issues, firent alors des Bleus un épouvantable carnage.

Peu après, Rossignol, autre général de la Convention, fut battu à Vihiers, et Santerre à Coron.

Les Vendéens marchaient de victoire en victoire. Leur activité et leur intrépidité dans les combats semblaient miraculeuses; ils tenaient en échec soixante mille hommes de troupes régulières et un nombre prodigieux de citoyens armés. L'armée de Mayence n'était plus désignée parmi eux que sous le nom d'armée de *faïence*. Hélas! ils ignoraient qu'après tant de triomphes et de gloire, ils allaient éprouver de cruels revers.

La Convention, alarmée, est résolue à épuiser, s'il le faut, tout le sang français pour prolonger son existence. Six armées attaquent à la fois la Vendée.

Une lutte terrible s'engage à Châtillon. Les Vendéens remportent une victoire éclatante et conservent la ville. On s'était battu jusqu'à la nuit. Croyant avoir assez affaibli les républicains pour leur ôter l'envie d'une attaque immédiate, les royalistes rentrent dans leurs murs et se livrent à la joie. Mais Westermann, un des généraux qui commandent devant Châtillon, conçoit l'audacieux projet d'effacer dans cette nuit même la honte de la défaite qu'il vient d'éprouver. Ne pouvant triompher par la force, il a recours à la ruse. Il pénètre au premier poste à la faveur des ténèbres et dans le plus grand silence. « Qui vive? crie la sentinelle. — Royalistes, » répond-il. Il égorge le poste et passe. Il est reconnu au second poste, mais il n'est plus possible de l'arrêter. L'alarme se répand dans la ville. Les royalistes en sortent et fuient en faisant feu de toutes parts. La légion de Westermann plie. « Abandonnerez-vous votre général et souffrirez-vous qu'il périsse seul au champ d'honneur? » s'écrie-t-il. Et il s'élance au milieu des ennemis, les bras nus et le sabre à la main. Ses troupes se rallient et font un carnage horrible des royalistes, qui fuient de toutes parts dans le plus affreux désordre.

Châtillon fut livré aux flammes.

L'*incendie et le massacre*, tel était le mot d'ordre de la Convention; et les généraux qu'elle envoyait en Vendée se montraient dignes de leur horrible mission.

Depuis la prise de Châtillon, Chollet était devenu le principal boulevard des royalistes, leur citadelle, le dépôt de leurs prisonniers, leur arsenal. Les républicains résolurent de s'en emparer.

Ils s'avancèrent donc vers cette ville, et engagèrent une lutte terrible à Tremblay.

On se battit de part et d'autre avec une ardeur sans égale. La victoire allait enfin se déclarer pour les soldats de Dieu et du roi, lorsque Lescure, l'un des chefs en qui les Vendéens avaient le plus de confiance, tomba percé de coups.

Les républicains entrèrent à Chollet.

Alors le comité de salut public annonça solennellement à la Convention qu'il n'y avait plus de Vendée.... En même temps, les paysans vendéens juraient de s'ensevelir sous les ruines de leur patrie, et leurs chefs, réunis à Beaupréau et résolus à vaincre ou à mourir, formaient le projet héroïque de marcher droit à Westermann, le héros républicain de l'époque, et d'étouffer les vainqueurs au milieu même de leur triomphe.

Ils se précipitèrent en effet sur Chollet. Le combat s'engagea; il dura dix heures. On se battit à la baïonnette. Les faubourgs furent enlevés, abandonnés, enlevés de nouveau. Enfin, repoussés de toutes parts, les paysans furent poursuivis par la cavalerie républicaine. Les officiers vendéens se formèrent en escadrons, couvrirent les héroïques villageois et arrêtèrent l'armée ennemie. Kléber fondit sur l'escadron royal à la tête de dix bataillons de troupes régulières. D'Elbée et Bonchamp tombèrent percés de coups.... Le désordre était à son comble. Monté sur un cheval blessé qui jetait le sang par les naseaux, la Rochejaquelein, blessé lui-même, les habits criblés de balles et tailladé de coups de sabre, demeura seul chargé de la retraite. Dans ce moment, de Biron lui amena deux mille hommes. Le combat recommença, se prolongea dans la nuit, laissant aux Vendéens le temps d'emporter leurs blessés et de se retirer à Beaupréau.

L'indomptable la Rochejaquelein voulait recommencer la lutte et revenir à Chollet. On ne suivit point cet avis de l'héroïsme et du désespoir. On se replia sur Saint-Fulgent.

Sur le désastreux champ de bataille de Chollet, l'illustre de Bonchamp était tombé expirant entre les bras de Philippe de la Reyrie, son ami et son frère d'armes. L'épée de l'époux d'Emma s'était brisée en défendant le héros au mépris de ses propres jours. Il saisit celle de Bonchamp, et, remettant son ami entre les mains de quelques Vendéens, il rejoignit la Rochejaquelein et continua avec lui le combat.

Cependant cette armée de la haute Vendée, jadis si brillante, maintenant si malheureuse, se trouvait resserrée entre la Loire et six armées républicaines qui la poursuivaient. Pour la première fois, une sorte de terreur s'empara des paysans ; ils apercevaient les flammes qui embrasaient leurs chaumières ; ils entendaient les cris des femmes, des vieillards et des enfants ; ils ne virent de salut que dans le passage du fleuve. En vain les officiers voulurent les retenir ; en vain la Rochejaquelein versa des pleurs de rage ; il fallut suivre une impulsion que rien ne pouvait arrêter. Vingt mauvais bateaux servirent à transporter sur l'autre rive de la Loire les débris de la monarchie.

On fit alors le dénombrement de l'armée. Elle se trouva réduite à trente mille soldats. Elle avait encore vingt-quatre pièces de canon, mais elle commençait à manquer de munitions et de cartouches.

La Rochejaquelein fut élu généralissime ; il avait à peine vingt et un ans. On décida dans le conseil qu'il fallait se porter sur Rennes. L'armée leva ses tentes, conduisant avec elle un troupeau de femmes, d'enfants, de vieillards, qui s'élevait à plus de cinquante mille.

La victoire ouvrit leur nouvelle carrière. Ingrande, Condé, Château-Gontier, tombèrent devant eux ; quinze mille gardes nationaux ne purent les empêcher d'entrer dans Laval. Sept mille paysans manceaux et bretons vinrent les rejoindre. A peine s'étaient-ils reposés deux jours dans cette ville, qu'on signala l'approche de l'ennemi. Les Mayençais attaquèrent brusquement les courageux fugitifs, qui les repoussèrent et les forcèrent à se replier sur Château-Gontier, après leur avoir tué ou blessé seize cents hommes.

Bientôt toutes les forces conventionnelles sont réunies ; elles reviennent à Laval présenter la bataille à la Rochejaquelein, qui l'accepte. Lescure expirant harangue l'armée ; tout s'ébranle ; on se bat avec un affreux acharnement ; les canons sont enlevés à la course, comme de coutume. On en vient à l'arme blanche, aux coups de pistolet ; on lutte corps à corps. Le général républicain, Beaupuy, fait porter dans les rangs sa chemise sanglante, pour encourager ses soldats. Les Mayençais sont exterminés par ces mêmes paysans qu'ils viennent de chasser de leurs chaumières. La Rochejaquelein, poursuivant l'ennemi, se trouve seul en face d'un grenadier qui chargeait son arme. Le Vendéen était à cheval, mais blessé et portant le bras droit en écharpe. Il fond sur le grenadier et le saisit au collet avec la main gauche. Le républicain se débat et cherche à percer de sa baïonnette le cheval et le cavalier. Des paysans surviennent et veulent tuer le grenadier. La Rochejaquelein le sauve et lui dit : « Va rejoindre tes chefs : tu leur diras que tu as lutté avec le général de l'armée royale, qu'il ne porte point d'armes, qu'il n'a qu'une main de libre, et que tu n'as pu le blesser.... »

La bataille de Laval renouvela les frayeurs des conventionnels ; ils crurent voir les Vendéens arriver à Paris. Pour se mettre à l'abri de l'invasion royaliste, on coupa les routes, on fit sauter les ponts, on détruisit les magasins. Trente mille hommes des meilleures troupes furent tirés de l'armée du Nord. Une autre armée, composée de gardes nationaux et des garnisons des ports, se forma à Cherbourg. Carrier vint à Nantes, et il arrêta, dépouilla, immola tout ce qui lui parut suspect.

Les révolutionnaires avaient quelques raisons de craindre. Le prince de Talmont, grand chef des royalistes, avait proposé, après la dernière victoire, de marcher sur Paris, ou, si la chose était impossible, de prendre à dos les armées républicaines de Flandre et de se réunir aux Autrichiens. Peut être ce plan audacieux eût-il réussi. On préféra marcher sur Granville, dans l'espoir d'établir une communication avec l'Angleterre. Cette résolution perdit tout.

On s'achemine donc vers Granville. Les Vendéens brusquent la place. Les faubourgs sont forcés ; une brèche est faite aux remparts. Déjà les soldats sont sur les murs ; mais les Anglais ne paraissent point à la vue du port ; la garnison continue à se défendre. La lassitude s'empare des paysans, et ils abandonnent l'assaut de la ville, à moitié prise. Une sédition éclate dans l'armée ; les paysans s'écrient qu'ils veulent retourner dans leur pays ; ils entraînent leur chef. On reprend le chemin que l'on avait parcouru.

A peine était-on rentré à Dol, que trois armées républicaines fondirent sur l'armée royaliste. Là se donna une des plus fameuses batailles qui jamais aient été livrées entre les Français. Elle dura deux jours ; commencée dans les faubourgs de Dol, elle ne finit que dans les murs d'Antrain. Douze mille républicains, tués ou blessés, restèrent sur le champ de bataille. Ce fut à la fois la plus grande et la dernière victoire des royalistes.

Les républicains, n'osant plus s'opposer à la marche des Vendéens, les attendaient derrière des remparts. A Angers, ils les empêchèrent de repasser la Loire. L'armée se rabattit sur Baugé, emporta la Flèche, se retira au Mans.... Des réquisitionnaires, conduits par des représentants du peuple, vinrent l'attaquer ; elle les chassa et se reposa. Arriva enfin une armée régulière composée des débris de toutes les armées vaincues par les Vendéens. L'affaire s'engagea ; on se battit tout le jour aux environs de la ville ; malgré la nuit, on continua de se battre dans les rues à la lueur des amorces et du feu du canon. Les républicains l'emportèrent enfin et couronnèrent leur triomphe en immolant en masse leurs ennemis.

Les restes de l'armée vendéenne se rapprochèrent de la Loire, pour en tenter le passage. Ils parvinrent jusqu'à Ancenis. Ils se crurent sauvés en apercevant les champs de la patrie de l'autre côté du fleuve. Mais combien, hélas ! la bénissaient de leurs regards, cette patrie si chère, et à qui il ne serait pas donné d'y rentrer ! Il n'y avait que deux bateaux sur la rive bretonne. Quatre grosses barques chargées de foin étaient attachées à la rive opposée. La Rochejaquelein, Stofflet et Beaugé, escortés par une vingtaine de soldats, passent dans les deux bateaux, pour s'emparer des barques et les envoyer à l'armée. A peine avaient-ils mis pied à terre, qu'ils sont attaqués par une grosse colonne de républicains ; l'escorte royaliste est dispersée, et la Rochejaquelein n'échappe à une mort certaine qu'en se cachant au fond d'un bois.

Les corps vendéens, poursuivis sur la rive droite de la Loire, voulurent gagner le bourg de Niort. Ils étaient encore commandés par le prince de Talmont, Donnissan, Desessarts. Atteints dans Savenay, ces héros firent de nouveaux prodiges de valeur, mais ils furent accablés par le nombre, et l'armée fut entièrement détruite. Le prince de Talmont tomba entre les mains des ennemis. On le fit aussitôt comparaître devant une commission militaire, et il fut fusillé.

Alors il ne resta plus en armes que Charette, qui, au lieu de suivre la grande armée de l'autre côté de la Loire, s'était emparé de l'île de Noirmoutiers, où il s'était fortifié et d'où il fatiguait les républicains par une guerre de détail. Noirmoutiers fut enlevé par les républicains le 15 janvier 1794. D'Elbée fut pris couvert de blessures. On eut la lâcheté de le fusiller dans un fauteuil.

Du reste, la Révolution n'épargnait pas plus les vainqueurs que les vaincus : Westermann, le boucher des Vendéens, s'étant brouillé avec les agents de Robespierre, monta sur l'échafaud.

Après la prise de Noirmoutiers, le général républicain en chef, Turreau, pensant qu'il ne lui restait plus d'ennemis à combattre, que quelques misérables sans force et sans autre dessein que d'échapper à la mort par la fuite, partagea son armée en plusieurs colonnes, dites *colonnes infernales*, auxquelles il réitéra l'ordre de tuer tout ce qu'on rencontrerait de vivant et de brûler tout ce qui pouvait être brûlé.

Tandis que les colonnes infernales commettaient froidement de telles atrocités, l'indomptable la Rochejaquelein rassemblait de nouveau une petite armée. Il s'empara de Chollet.... Mais, hélas ! il ne posséda cette ville que deux heures. Quelque temps après, ce brave des braves tomba dans un obscur combat.

Après la Rochejaquelein, Stofflet devint chef de la haute Vendée, comme Charette l'était de la basse, et ce petit peuple de héros continua la lutte encore....

Mais que sont devenus Philippe, Emma, et leur enfant ?...

VI.

Philippe, nous l'avons vu à Chollet, recevant dans ses bras l'illustre Bonchamp, saisissant l'épée du héros et continuant avec la Rochejaquelein une lutte désespérée.

Il passa la Loire avec la grande armée. Il était à Ingrande, à Segré, à Condé, à Château-Gontier, à Laval, à Dol....

A Dol, les Vendéens furent attaqués par trois colonnes républicaines qui arrivèrent en même temps par les routes de Pontorson, d'Antrain et de Saint-Malo. La Rochejaquelein avait divisé aussi son armée en trois colonnes. Il enfonça celle qui lui était opposée. Stofflet commandait le second corps; Philippe de la Reyrie, le troisième. Tous trois cueillirent dans cette mémorable journée, connue sous le nom de déroute d'Antrain, d'immortels lauriers. On sait que ce triomphe fut le plus grand, mais le dernier de l'armée catholique et royale.

Après l'affaire de Dol ou d'Antrain, car cette journée porte ces deux noms, vinrent, on se le rappelle, les tristes revers d'Angers et du Mans.

Philippe était au Mans. Chevalier intrépide, il s'y montra constamment au premier rang. Il était tout dévoué, sans doute, au parti qu'il avait embrassé; mais depuis le passage de la Loire, un motif personnel redoublait son ardeur et son courage; il lui tardait de rentrer en Vendée! Hélas! depuis Chollet, il n'avait eu de nouvelles ni de sa femme ni de son enfant.

On comprend ce que souffrait le malheureux Philippe dans son incertitude.

Au Mans, il fit des prodiges de valeur; mais la déroute fut complète, le désastre horrible.... Ceux qui parvinrent à se sauver gagnèrent, les uns Laval, les autres Ancenis avec la Rochejaquelein et Stofflet.

Philippe, toujours à la tête de sa petite troupe, allait à son tour sortir de la ville, qu'on ne pouvait sauver, et rejoindre les deux chefs héroïques qui voulaient à tout prix tenter de rentrer en Vendée, quand il fut attaqué par un corps dix fois plus nombreux que le sien.

— Les armes ou la mort! crièrent les Bleus avec fureur.

— La mort! répondirent les héroïques enfants de la Reyrie, en se jetant avec impétuosité sur les ennemis qui les environnaient de toutes parts.

— La mort! répéta leur chef avec non moins d'enthousiasme.

Et pourtant il pensa à Emma, il pensa à Marie, ses deux amours sur la terre, ses deux bonheurs.

— La mort!... La mort!...

Suivit une scène d'épouvantable carnage.... Nos braves paysans vendéens vendirent chèrement leur vie. Ils tombèrent enfin, et, après eux, celui qui si souvent les avait conduits à la victoire, leur chef bien-aimé.

— Emma! Marie! s'écria le preux en se défendant contre six Bleus à la fois. Emma! Marie!

Et il tomba....

Il tomba, et pourtant il pressait sur son cœur expirant les grains bénis du chapelet rouge et bleu.

. . . .

Nous devons à notre privilége d'historien de traverser la Loire avant même les illustres chefs qui se dévouèrent à Ancenis pour le salut des débris de la grande armée, d'échapper aux colonnes républicaines qui se croisent et se pressent sur les deux rives du fleuve, de parcourir les champs dévastés de la Vendée, de pénétrer jusqu'à la Reyrie....

La Reyrie, hélas ! n'existe plus....

Sur le petit mamelon où s'élevait le joli castel que nous avons tant admiré, nous ne trouvons plus que des ruines.

La modeste église, l'humble presbytère, la petite école où Emma a tant de fois redit le bonheur et les charmes de la vertu, où la jeune Marie elle-même a enseigné aux petits enfants à joindre leurs mains pour la prière, à chanter les bienfaits du Seigneur et les gloires de la mère de Dieu ; la cabane de Nicolas Duval, qu'Emma avait consacrée à la charité en en faisant une sorte de petit hôpital où elle recevait les mendiants du grand chemin ; les cabanes où se pressaient jadis de nombreuses et saintes familles ; tout a disparu. Partout on ne rencontre que des ruines.

. . . .

Un soir, Emma et la petite Marie, pressée dans les bras et sur le cœur de sa mère, priaient et pleuraient au fond de l'oratoire du castel de la Reyrie ; depuis huit jours, hélas ! elles n'avaient point reçu de nouvelles de Philippe.

— Ne pleure pas, mère, disait la petite Marie en essuyant les larmes amères et brûlantes qui sillonnaient le visage de la marquise ; tu sais bien qu'il porte au cou le chapelet rouge et bleu, et Marie est si puissante et si bonne !...

— Oui, Marie est puissante et bonne ! murmura la pauvre mère.

Et pourtant ses pleurs coulèrent plus abondants.

Combien de Vendéens déjà étaient ensevelis sous le sol de leur glorieuse contrée ! Combien de chefs qui avaient conduit à la victoire le peuple des braves aux premiers jours de cette lutte aussi sainte que sublime, et dont il ne restait plus que le souvenir ! Devait-on écrire le nom de Philippe de la Reyrie dans le martyrologe royal, le graver sur le marbre consacré à la gloire des héros vendéens ?...

Emma s'abandonnait à ces réflexions déchirantes, tout en pressant sa fille, son unique espérance, sa seule consolation, sur son cœur défaillant, quand la porte de l'oratoire s'ouvrit doucement.

Une jeune femme parut sur le seuil. Elle avait le costume des paysannes de la Vendée et portait dans ses bras un enfant.

— Madame la marquise, murmura la paysanne.

Emma tressaillit, leva les yeux.

— Oh ! Annette ! Annette ! s'écria-t-elle.

Sa pensée, tout à Philippe, ne pouvait être distraite du souvenir du marquis ; elle s'imagina donc que la petite-fille de Nicolas, son amie, depuis la mort du vénérable vieillard, venait lui annoncer ce que nul, sans doute, n'avait osé lui annoncer encore, la mort de Philippe....

— Annette, dis-moi tout, reprit-elle, sans laisser à la jeune Vendéenne le temps de lui répondre. Vit-il encore ?

— Oh ! n'en doutez pas, madame ; Dieu et la bonne Vierge le protégent : il est si vertueux ! il est si bon !

— Ainsi tu ne sais rien de la grande armée ?

— On dit qu'ils ont passé la Loire.

— O mon Dieu ! Et Philippe..., Philippe parti sans me prévenir !...

— Il y a eu à Chollet un horrible désastre.

— Un désastre ! répéta Emma en joignant les mains ; et Philippe....

— On m'a assuré que, parmi les chefs, Bonchamp seul était tombé.

— Bonchamp! Lui aussi, hélas! avait une femme, des enfants! Pauvre femme!

— La grande armée est venue de notre côté. Elle a passé la Loire à Saint-Florent.

— A Saint-Florent! Et Philippe.... S'il eût vécu encore, il eût tout tenté, tout....

— Les Bleus interceptaient tout passage avec cette partie de la contrée.

La marquise respira : elle pouvait espérer encore.

— Annette, reste avec moi, dit-elle après un long silence; ton mari est avec le mien : nous prierons ensemble, nous pleurerons ensemble.

— Oui, madame la marquise, mais pas ici. Je viens vous chercher.

— Impossible! Philippe m'a dit de rester à la Reyrie, et j'y resterai jusqu'à ce qu'il revienne et qu'il m'ordonne d'aller en d'autres lieux.

— Hélas! madame, les Bleus suivent mes pas; et de la Reyrie, sans doute, il ne restera pas pierre sur pierre, s'ils y font ce qu'ils ont fait partout. Eglises, châteaux, chaumières, granges même, ils pillent tout, renversent tout, brûlent tout.... Et ils immolent tout ce qui est vivant, dit-on, ajouta la jeune femme après une légère pause; et, s'il faut en croire ceux qui arrivent de tous côtés....

Emma pressa plus étroitement son enfant sur son cœur.

— Il faut partir, madame, partir à l'instant même, pour tâcher de rejoindre la grande armée. Il n'y a plus de salut qu'à sa suite et de l'autre côté de la Loire.

Ce mot, *rejoindre la grande armée,* triompha de toute hésitation de la part de la marquise. A la grande armée, elle retrouverait Philippe, s'il avait plu à Dieu....

— Partons donc, s'écria-t-elle, partons.

Elle se leva et se disposa à faire quelques préparatifs.

— Mais, Annette, dit-elle encore, que n'as-tu rejoint la grande armée à Saint-Florent ?

— J'aurais quitté un pays désolé en vous y abandonnant, madame la marquise? Non, non, j'aurais mieux aimé mourir! Tant que je vous ai sue en sûreté ici, je suis restée tranquille à la ferme, puisque tout aussi était tranquille de mon côté. Mais, aujourd'hui, il n'est plus question de chercher à conserver ses apanages, il faut avant tout mettre à l'abri une vie menacée de mille morts.

Mme de la Reyrie prit la main de la jeune fermière et la pressa sur ses lèvres.

— Oui, de mille morts, madame la marquise. Si

vous saviez, ils mettent le feu aux maisons, torturent les femmes et portent les petits enfants au bout de leurs baïonnettes....

Emma frémit et se rapprocha de nouveau de sa fille.

Cependant elle continuait ses préparatifs et proposait à Annette de passer au moins la nuit au château, puisque l'obscurité se faisait déjà autour de la Reyrie, quand des cris de détresse retentirent de toutes parts, accompagnés de ces mots : « Les Bleus ! les Bleus ! »

Quelques pâtres avaient apporté la nouvelle de l'approche d'une bande de pillards républicains.

— S'ils nous trouvent au château, c'en est fait de nous ! s'écria Annette.

— Mon Dieu, ayez pitié de nous ! murmurèrent à la fois la marquise et son enfant.

Emma revêtit à la hâte un costume de paysanne que lui avait apporté Annette, et les deux femmes s'enfuirent par la petite porte du parc, l'une portant son enfant entre ses bras, une enfant de trois ans à peine, l'autre traînant sa fille, Marie, par la main.

Quand elles eurent gagné les bois, elles entendirent d'autres cris plus horribles, des cris de détresse, des cris de douleur, des cris de mort. Frémissant de terreur, elles se blottirent sous un buisson, décidées à y passer la nuit.

Il n'y avait pas une heure qu'elles y étaient, quand elles entendirent des pas précipités.

— Elle a dû passer par ici, dirent des voix en se rapprochant de plus en plus.

— Il est évident qu'elle a suivi le sentier battu, et nous sommes toujours dans le sentier qui aboutit à la petite porte du parc. Elle n'est point sortie par la grande porte, puisqu'avant même l'arrivée des Bleus, nous étions tous à la grille. Elle ne nous aurait point échappé ; et, d'ailleurs, elle ne se serait point méfiée de nous.

— Ce sont des ennemis, balbutia Annette avec angoisse, et ils parlent de vous, madame la marquise ! Ils vous cherchent, je parie, les misérables ! Dame ! la femme d'un général, c'est toujours une bonne prise ! O mon Dieu, ayez pitié de nous !

— Ne reconnais-tu pas la voix de quelques bonnes gens de la Reyrie ?

Le bruit des voix et des pas augmentait à toute minute.

— Oui, dit Annette, dont les paroles d'Emma avaient à demi calmé les alarmes, et qui écoutait avec un peu plus de tranquillité ; oui, c'est le cousin

Matthieu Lambert, je crois, Matthieu Lambert qui a perdu un bras à la première attaque de Chollet. Il aime le roi et le bon Dieu.

C'était, en effet, Matthieu Lambert, avec quelques amis, tous soldats de Dieu et du roi.

— Pauvre jeune femme! dit-il au détour du sentier, et en se rapprochant du buisson où les deux fugitives étaient cachées. Tenez, je me rappelle que le jour de ses noces, je suivais aussi ce sentier avec les camarades. Aujourd'hui ne ressemble guère à ce beau jour. Mais, voyez-vous, cela ne m'étonne pas. Le grand-oncle Duval avait coutume de dire que, quelle que soit notre position sur la terre, notre existence se compose toujours de beaucoup de peines mêlées à un petit nombre de joies. La marquise semblait née pour être très-heureuse, et voilà qu'aujourd'hui elle est plus affligée que nous autres, pauvres gens. Cela prouve que celui qui est riche aujourd'hui peut devenir pauvre demain, et que par conséquent il ne faut pas attacher son cœur aux biens de la fortune.

— Oui, madame la marquise, nous pouvons nous montrer sans crainte, dit Annette, qui n'avait presque rien perdu de ce discours et qui voyait la pauvre Emma comme anéantie par l'amertume qu'apportaient à son âme ces réflexions qui avaient frappé aussi ses oreilles.

— Ce sont des amis, murmura la marquise, de bien véritables amis. Oh ! le bon Nicolas Duval l'avait bien dit au jour solennel que vient de rappeler Matthieu Lambert, j'ai trouvé, quand est venue l'épreuve, autant de pères, autant de mères, autant de frères et de sœurs qu'il y a d'habitants au hameau.

Les deux femmes, sortant de dessous le buisson, allèrent à la rencontre des paysans vendéens.

— Dieu soit loué ! s'écria Matthieu en saisissant la main de la marquise, qu'il porta à ses lèvres. Les Bleus vous cherchent ; ils visitent le château. Mais ils parlent d'une battue dans tout le pays, et ils commenceront par les bois. Les bois de la Reyrie ne sont pas assez étendus pour qu'on y échappe longtemps à de telles recherches. Les misérables sont entrés dans toutes nos cabanes ; c'est donc dans une de ces cabanes que vous serez plus en sûreté.

— Pourquoi, dit la marquise, ne pas se mettre immédiatement en marche et tâcher de rejoindre la grande armée ?

— La grande armée a passé la Loire, et, croyez-moi, madame, ce serait vous exposer beaucoup, vous et votre chère enfant, que de tenter l'exécution d'un tel projet.

La voix de Matthieu Lambert tremblait en prononçant ces paroles, et de grosses larmes roulaient dans ses yeux : la nouvelle de la mort du marquis — nouvelle fausse, puisque l'armée venait de passer la Loire, et que Philippe ne devait tomber qu'à la déroute du Mans — s'était répandue par tout le domaine. Chacun pleurait sur le *bon seigneur* et sur la *bonne dame;* mais chacun pleurait en silence ; car, par pitié pour la pauvre veuve, on voulait lui laisser ignorer le plus longtemps possible l'affreux malheur qui l'avait frappée.

Les bons paysans voulaient mettre la veuve et l'orpheline en sûreté, mais s'opposer à ce qu'elles passassent la Loire. Ils l'entraînèrent dans une chaumière avec la pauvre Annette, sa compagne.

— Je savais bien, dit celle-ci en touchant le seuil hospitalier et en tombant aux pieds de la marquise, je savais bien que tous ceux de la Reyrie vous protégeraient et vous défendraient au péril de leurs jours ; mais je savais aussi que j'avais fait le mal et que c'était à moi de veiller sur vous. Maintenant que les jours de véritable danger sont arrivés, je n'aurais point loin de vous un seul instant de repos, et, je l'ai dit, je vous ferai, s'il le faut, pour réparer ma faute, un rempart de mon propre corps ; je donnerai, s'il le faut, ma vie pour votre vie.

— Quelle faute, pauvre amie? dit Emma en enlaçant dans ses bras cette jeune femme si dévouée.

— Avez-vous oublié les malédictions que j'ai appelées sur votre tête? Oh! maudite envie! Mais que le remords est aussi une chose affreuse, horrible! Quelle torture, mon Dieu, pour celui qui se laisse aller au mal, que ce ver rongeur qui le déchire et le dévore! Si on savait ce qu'il en coûte, non, on ne pécherait jamais....

Emma continuait à presser Annette sur son cœur.

— Tu sais bien, lui dit-elle enfin en essuyant les larmes qui coulaient sur les joues de la paysanne, que tout a été pardonné au lit de mort de Nicolas Duval.

— Il ne faut pas se le dissimuler, madame, toute faute veut son expiation. Vous me répétez sans cesse que le mal que nous souhaitons aux autres retombe sur notre propre tête; c'est là toute ma consolation, toute mon espérance : ce sera à la fois pour moi la punition et l'expiation.

— Ne parle pas ainsi, Annette; tes paroles me déchirent l'âme. Il n'y aura ni punition ni expiation pour toi. N'as-tu pas pleuré ta faute? et Dieu n'accorde-t-il pas le baiser de paix à celui qui verse une larme, une seule larme de repentir?

— Si vous étiez heureuse, je ne me tourmenterais pas, dit Annette, sans écouter les douces paroles de la marquise ; mais quand je me dis que je suis cause peut-être de toutes vos souffrances, de tous vos malheurs.... Oui, c'est dur, allez! de voir que mes méchants vœux s'accomplissent!

— Je te l'ai dit, Annette, le bon Dieu repousse de tels souhaits....

Les deux jeunes femmes avaient besoin de repos. Elles s'étendirent, l'une à côté de l'autre, sur la couche qu'on leur avait préparée, prirent chacune leur enfant entre leurs bras, et, après une longue et fervente prière, appelèrent à leur aide le sommeil, ce grand consolateur des malheureux.

Déjà les yeux d'Emma s'appesantissaient, quand de petits pâtres qui faisaient le guet entrèrent dans la cabane avec ce mot terrible : Les Bleus!

La marquise et Annette furent en un instant sur pied. Mais où porter leurs pas ?

— Ne craignez rien, dit en entrant dans la maisonnette le bon vieillard qui en était propriétaire. Au milieu de leurs orgies, les Bleus ont jugé à propos de faire une nouvelle battue dans le hameau , dans l'espoir d'y trouver la marquise. Mais j'en réponds sur ma tête, à moins qu'ils n'incendient aussi mon pauvre toit....

Il baissa aussitôt le ciel de lit qui était à ressort, monta au moyen d'une petite échelle, souleva une trappe qui se trouvait cachée entre deux soliveaux, et invita la pauvre Emma à le suivre. Il retira alors l'échelle et le ciel de lit.

Quelques instants après, les Bleus entrèrent, ivres de vin et de sang ; car ils venaient de massacrer quelques femmes qui avaient essayé de leur résister. Leur visite fut courte ; ils avaient hâte de retourner dans les caves du castel.

Tandis qu'une partie du corps républicain qui s'était porté sur la Reyrie fouillait les lieux les plus secrets du château, les camarades battaient les bois et les environs. La fuite était donc impossible.

Le lendemain, il y eut grand conseil parmi eux : fusillerait-on les brigands de la Reyrie ?

Tandis qu'ils délibéraient, cent voix retentirent :

— Les brigands ! les brigands !

Les paysans des hameaux environnants, sachant ce qui se passait à la Reyrie, arrivaient, armés de fourches, de bâtons et de mauvais fusils. Ils firent quelques décharges. C'en fut assez pour mettre en fuite les Bleus, qui étaient en petit nombre.

Il n'était pas prudent que la marquise restât au hameau ; elle se mit donc en route vers le soir, se dirigeant vers Saint-Florent, qu'habitait une ancienne femme de charge du château. Annette ne voulut point la quitter. Deux pâtres d'une quinzaine d'années les accompagnèrent, portant les enfants. Tous ceux du village eussent voulu les suivre, mais c'eût été les exposer.

Qui eût pu reconnaître dans la fugitive la jeune et brillante marquise de la Reyrie ? Elle était couverte de guenilles, portait sur la tête une vieille coiffe jaune et s'appuyait sur un bâton, comme si elle eût été boiteuse. On avait eu soin de lui noircir les cils et les cheveux, qu'elle avait d'un blond admirable, et de lui cacher la moitié du visage sous un vieux morceau de linge.

Annette et les deux enfants étaient vêtues à l'avenant.

Ce fut sous ce costume que la malheureuse jeune femme sortit des domaines du marquis.... Les flammes qui consumaient le castel où elle avait passé de si heureux jours éclairaient sa marche chancelante. Elle pleurait, l'infortunée ! elle pleurait en priant....

— Si j'étais seule à souffrir! murmurait-elle de temps à autre. Mais ma fille, ma pauvre fille!

— Ta fille a du courage, et le bon Dieu lui donnera la force, répondait l'aimable enfant.

Vers minuit, les deux fugitives s'arrêtèrent, harassées de fatigue. Elles se couchèrent près d'une haie. Les pâtres les couvrirent de genêts, qu'ils coupèrent en abondance.

Chose étonnante! Emma dormit plusieurs heures du plus paisible sommeil : Dieu est si bon!

Dès cinq heures du matin, on se remit en route, et l'on gagna une maisonnette isolée où l'on demanda un asile pour l'amour de Dieu.

— Passez votre chemin, dit une odieuse vieille assise au coin du foyer. S'il fallait les recevoir tous, ces brigands, on finirait par se compromettre.

Il fallut, bon gré mal gré, continuer à marcher.

A peu de distance s'élevait un bois qui semblait épais et d'une immense étendue. La marquise et la fermière le saluèrent avec bonheur : elles y trouveraient, sans doute, quelque buisson où elles pourraient passer la nuit. Elles allaient s'y engager, quand elles en virent sortir une vingtaines d'hommes qui criaient avec une sorte de fureur : Rembarre! rembarre!

Ils rentrèrent aussitôt dans les taillis; mais l'un d'eux, se détachant du groupe et s'avançant vers les fugitives, leur dit qu'il y avait sept Bleus de cachés dans les genêts, et qu'ils cherchaient, eux, paysans vendéens, à les faire prisonniers.

Au lieu de traverser le bois, la marquise et sa compagne, selon le conseil du brigand, suivirent le chemin battu qui formait, vers la gauche, la lisière du bois.

— Surtout ne manquez pas de quitter le chemin avant une demi-heure, pour vous jeter dans la plaine et vous y cacher dans la première maison où l'on voudra bien vous donner l'hospitalité, avait ajouté le Vendéen; nous attendons les Bleus en grand nombre, et ils ne font pas même quartier aux femmes et aux enfants.

Mais, hélas! les deux pauvres femmes ne trouvèrent aucun abri hospitalier. Elles errèrent tout le jour dans une plaine désolée. Elles furent contraintes encore de chercher un abri dans les genêts jusqu'au lendemain matin.

Des partis de Bleus parcouraient toute la contrée. Elles n'eurent point un moment de repos et faillirent à tout instant être découvertes par les chiens que les républicains envoyaient devant eux pour fouiller les bois et les taillis.

Au point du jour, les pâtres allèrent à la découverte pour tâcher de savoir de quel côté on pouvait sûrement diriger ses pas.

Dirons-nous les angoisses d'Emma et d'Annette pendant les deux longues heures que les jeunes gens furent absents ? Mille pressentiments navraient leur âme ; les petits paysans avaient parlé d'un quart d'heure, d'une demi-heure tout au plus.

Hélas ! leurs pressentiments ne les avaient point trompées : l'un des pauvres enfants avait été pris, l'autre était couvert de blessures, et c'était comme par miracle qu'il avait pu échapper à la fureur des ennemis.

Il ne fallait plus songer à se mettre en route, mais bien soigner le malheureux.

Annette, prenant son enfant dans ses bras, alla voir à son tour, d'un autre côté, si l'on ne pourrait trouver quelque abri. Elle revint bientôt, annonçant avec joie qu'à dix minutes de marche environ s'élevait une masure abandonnée autour de laquelle tout paraissait tranquille.

Les deux femmes y transportèrent le blessé, et remercièrent Dieu de cet asile qu'il leur avait ménagé dans leur détresse. Il leur restait un peu de pain ;

elles pouvaient attendre au lendemain pour trouver un autre gîte et faire de nouvelles provisions.

Le lendemain, Emma et Annette étaient seules avec leurs enfants : le pâtre avait expiré pendant la nuit....

Comment gagner Saint-Florent sans guide et sans défenseur ? Comment échapper aux Bleus ?

— Le bon Dieu nous conduira, dit la petite Marie en voyant pleurer sa mère et en baisant avec amour et respect les grains du chapelet, de la relique que la malheureuse Emma roulait sous ses doigts tremblants.

— Hélas ! je crois bien que le bon Dieu nous a abandonnés et qu'il a maudit la Vendée, murmura Annette.

— Le bon Dieu n'abandonne jamais ceux qui l'aiment, dit la marquise. Il ne nous éprouve jamais au-dessus de nos forces. Ayons courage donc, ma pauvre Annette ; confions-nous toujours en celui qui nous a dit avec amour : « Je compte tes soupirs, j'écoute tes gémissements. »

Les deux femmes restèrent jusqu'à la nuit dans la masure abandonnée, priant près du cadavre, auprès duquel elles avaient planté une croix formée de deux branches cueillies au buisson voisin.

Quand l'obscurité se fit autour d'elles, elles se remirent en route, ne sachant de quel côté diriger leurs pas pour gagner Saint-Florent, mais marchant confiantes sous la garde de Dieu.

Quelques heures après, elles arrivèrent à un petit village nommé la Verrie. Elles y frappèrent à la porte d'une petite ferme.

Ce fut un vieillard qui leur ouvrit. Il pleura sur leur sort.

— Venez, venez, leur dit-il; le peu que nous avons, nous le partagerons avec vous....

Il les établit dans une petite chambre sur le derrière de la ferme, et les engagea à attendre chez lui de meilleurs jours.

Déjà nos infortunées se livraient à l'espérance.... Mais dès le lendemain on entendit retentir le cri fatal : Les Bleus !

Il fallut fuir encore. Mais ce ne fut pas sans avoir vu une scène horrible : le vieillard, ayant refusé de crier : Vive la république ! fut massacré sous les yeux des fugitives. Emma s'évanouit et dut la conservation de la vie, sans doute, à cet évanouissement ; Annette cria tout ce qu'on voulut.

Quand les deux femmes sortirent de la Verrie, tout y était à feu et à sang. Elles coururent à la Gaubretière, même carnage ; à Saint-Laurent, on y attendait les Bleus. Mais ni Emma ni Annette ne pouvaient aller plus loin. Les habitants mettaient en toute hâte leurs meubles dans les rues, afin de les sauver, si c'était possible, des flammes qui allaient, sans doute, consumer leurs pauvres toits : les républicains mettaient le feu partout. C'était un spectacle à fendre l'âme....

Une bonne vieille qui, elle aussi, faisait ses paquets sur le seuil de sa pauvre chaumière, eut pitié de nos voyageuses.

— Vous recevoir dans ma maison, leur dit-elle, ce serait vous dévouer à une mort certaine. Moi, je pars ; mais comme vous ne pouvez aller plus loin, je vais vous conduire vers la bonne vieille sœur qui faisait l'école à Saint-Laurent dans les bons jours, et qui habite un petit hangar à la sortie du village et sur le derrière. Les Bleus n'iront peut-être pas jusque-là pour mettre le feu.

C'était une vieille masure qui servait ordinairement d'écurie à un seul cheval. La bonne religieuse qui s'y était retirée avait ôté quelques tuiles dans un coin pour laisser passer la fumée. L'infortunée était couchée sur un peu de paille au fond de son taudis, et priait en attendant la mort. Elle reçut les deux jeunes femmes avec un empressement de mère. Emma et Annette restèrent là six jours sans nouvelle alerte, mais attendant les brûleurs à tout instant. Ils n'osaient pas trop s'avancer; car M. Domagné, un des chefs vendéens, avait tout à coup reparu à Cerises et venait quelquefois jusqu'à la Chapelle, petite paroisse peu éloignée.

Après ces six jours, les républicains, ayant reçu des renforts, vinrent piller et brûler Saint-Laurent. Le petit hangar ne fut point épargné; la bonne religieuse, qui ne put quitter sa couche, fut massacrée.

Comment Emma et Annette échappèrent-elles à la mort? Dieu les gardait sans doute....

Après l'incendie de Saint-Laurent, elles n'eurent plus un instant de repos; elles errèrent constamment de Saint-Laurent à la Gaubretière, de la Gaubretière à Mortagne, de Mortagne à la Gaubretière, de la Gaubretière à Saint-Laurent, et dans les hameaux environnants, sans parvenir à gagner Saint-Florent, et obligées le plus souvent de passer la nuit dans les genêts. La marquise était courageuse toujours; mais ses forces trahissaient son courage. Annette, plus habituée à la fatigue, la soutenait, la portait quelquefois.

Une nuit, une horrible nuit, elles durent se réfugier dans le creux d'un énorme châtaignier qui avait douze pieds de haut, et dans lequel elles montèrent au moyen d'une échelle que leur apporta un brave homme de la Verrie qui les avait cachées pendant quelques heures dans une grange ouverte à tous les vents, et qui leur avait donné ample provision de pain noir et de pommes. Elles y restèrent trois jours et trois nuits par un froid excessif, les deux enfants ayant le corps couvert de boutons de petite vérole et la marquise une énorme tumeur au genou.

Dire les angoisses et les souffrances de ces heures d'agonie, de véritable agonie, car les deux mères pressaient dans leurs bras leurs enfants expirantes, ce serait impossible.

Vers le soir du troisième jour, la petite Marguerite, la fille de la pauvre Annette, rendit le dernier soupir sur le sein de sa mère....

— Dieu est juste ! le mal est retombé sur ma tête, murmura simplement l'infortunée mère.

Elle enveloppa le petit cadavre dans un grand mouchoir blanc et le tint toute la nuit dans ses bras.

Jamais Emma n'avait éprouvé de telles angoisses, un si profond désespoir : Annette, en ne voulant point la quitter, lui avait sacrifié son enfant ! Cette pensée était pour elle si poignante, si affreuse, qu'elle en eût expiré de douleur, si elle n'eût été mère aussi, si Dieu ne l'eût soutenue lui-même.

Le matin, le brave homme de la Verrie accourut. Les gémissements de la marquise avaient été entendus. Un mauvais sujet de la Reyrie, le seul peut-être de tous les paysans des domaines du marquis qui eût embrassé le parti républicain et qui se trouvait par hasard à la Verrie, avait cru reconnaître la voix de la malheureuse Emma. Il avait fait part de sa découverte et de ses suppositions aux patriotes.

Il fallait fuir.

Annette descendit la première de l'arbre, après avoir déposé entre les branches le cadavre de son enfant et murmuré d'une voix sourde et lente :

— Peut-être encore les misérables l'arracheraient de mes bras. Au moins ici elle dormira en paix.

Cette fois, ce fut dans une cave que fut cachée la marquise. Les Bleus battirent tout le pays et ne purent découvrir sa retraite.

— Dieu soit loué ! dit seulement Annette, quand on lui apprit que les républicains s'étaient retirés. Emma est sauvée une fois encore. Oh ! Marie aura pitié....

En même temps elle se leva du lieu où, pendant tout le jour, elle était restée agenouillée dans un sombre silence, sans prier, sans pleurer, sans répondre même aux tendres caresses de la marquise.

— Il faut, dit-elle, que j'aille voir mon enfant.

Rien ne put la retenir.

Les Bleus avaient trouvé le cadavre, et l'avaient pris pour celui de la fille de la châtelaine. Les monstres savaient toute la puissance, toute la grandeur, toute la sublimité de l'amour maternel : ils attendaient la mère près de son enfant.

— La marquise de la Reyrie! s'écrièrent-ils, quand parut la pauvre Annette.

Et mille sabres menacèrent sa tête innocente.

La jeune fermière pouvait d'un seul mot se soustraire à la mort; ce mot, elle ne le dit pas : son silence sauvait la marquise.

— J'ai expié! murmura-t-elle seulement, en pressant une dernière fois sur ses lèvres le visage glacé de son enfant et en s'agenouillant, résignée et tranquille, pour recevoir le coup fatal. . . . .

. . . .

Arrachons une feuille à notre récit; nous n'aurions pas le courage ni la force de redire la douleur de la bonne et sensible Emma.

Mais une douleur plus grande, plus poignante, l'attendait encore.

M. Domagné, ayant appris que Mme de la Reyrie était fugitive, vint la trouver secrètement à la Verrie dans la cave qu'elle n'avait point quittée, lui donna des nouvelles de son mari et l'engagea à suivre son petit corps d'armée.

La visite du chef vendéen fut le dernier bonheur de la malheureuse Emma sur la terre.

A peine eut-elle rejoint les royalistes, qu'arriva la fatale nouvelle de la déroute du Mans.... Philippe de la Reyrie était tombé....

Emma crut mourir; mais Dieu eut pitié d'elle et abrégea sa souffrance....

Le jour même, les républicains surprirent la petite troupe de M. Domagné. Il y eut une horrible lutte. La déroute des Vendéens fut complète. Un grand nombre furent massacrés, les autres ne trouvèrent de salut que dans une fuite précipitée.

Tout à coup M. Domagné se ressouvint de la veuve et de l'orpheline de Philippe de la Reyrie, qu'il avait laissées dans le camp. Ne pouvant abandonner les débris de son armée, il envoya un officier et quelques soldats au secours des deux infortunées.

Emma, pâle, défaillante, semblait insensible à tout ce qui l'entourait, même aux gémissements de son enfant.... Elle se laissa placer sur un cheval où deux hommes la soutinrent; mais elle poussa des cris déchirants à la seule pensée d'être séparée de sa fille, qu'elle pressait convulsivement dans ses bras.

Le petit cortége se mit en marche par des chemins détournés, et il allait rejoindre le corps du chef vendéen, lorsque les Bleus l'attaquèrent.

On prit la fuite.

Environnée de périls, menacée de mille morts, la malheureuse Emma retrouva du courage : il s'agissait de sauver son enfant.... Mais Dieu ne lui rendit pas ses forces épuisées.... Plusieurs hommes tombèrent autour d'elle, atteints de coups de feu ; elle pressa son coursier. Hélas ! les rênes échappèrent bientôt à ses mains défaillantes. Les Bleus l'atteignirent.

— Je vous lègue mon enfant ! murmura la malheureuse mère en portant sur le chef de la bande un regard expirant.

Et, laissant tomber sa tête sur le front de la petite fille, elle exhala son dernier soupir dans une dernière prière.

VII.

Plus d'un an s'était écoulé depuis ce triste événement.

C'était par une nuit, une nuit magnifique ; la lune était brillante et radieuse ; mille étoiles scintillaient au firmament ; un silence majestueux régnait dans toute la nature.

Tout à coup des chants suaves et mélodieux s'élevèrent d'une petite clairière au fond du grand bois de Chanzeaux, dans la basse Vendée ; ces chants, c'étaient de pieux cantiques ; mille voix répétaient : « Gloire à Dieu ! »

Si nous traversons le bois, si nous pénétrons dans la clairière, quel touchant spectacle nous verrons !

Une blanche statue de Marie est dressée sur une petite éminence. A ses pieds, s'élève un autel où un prêtre célèbre les divins mystères. Autour de l'autel, sont des enfants appelés pour la première fois à recevoir leur Dieu.... De toutes parts, une foule prosternée et recueillie.

Le prêtre avait prononcé les paroles du mystère : un Dieu, à sa voix, était descendu sur l'autel. Les chants cessèrent. Le ministre du Seigneur distribua le pain des anges.

De toutes parts, c'étaient des larmes, des sanglots étouffés.

Elles sont si vives, si enivrantes, les émotions qu'apporte à une âme religieuse la cérémonie de la première communion ! Et combien plus vives, combien plus enivrantes dans les tristes circonstances où l'on se trouvait !

La Convention avait, quelques mois auparavant, signé avec la Vendée victorieuse le traité de la Jaunaye (15 février 1795). Mais la Convention avait voulu seulement que la Vendée cessât la guerre. La voyant désarmée, elle avait recommencé la lutte.

La lutte était donc de nouveau acharnée, sanglante. D'un côté Stofflet, Charette ; de l'autre, Hoche, l'un des fils chéris de la Victoire.

Les habitants de Chanzeaux avaient respiré un moment ; et ce moment de repos, ils le consacraient à Dieu. Chanzeaux n'avait plus d'église ; elle était tombée sous les coups des vandales de 1793. Mais l'univers est le grand temple où l'on adore le Tout-Puissant. Les cieux forment la voûte de cet immense sanctuaire où tous devraient redire : « Gloire à Dieu ! »

Après les enfants, les pères et les mères s'approchèrent, les vieillards, les soldats : tous voulaient puiser dans le banquet divin la force, le courage et la résignation.

Et quand tous eurent participé au redoutable mystère, les chants retentirent plus joyeux, plus magnifiques.

A ces chants se mêla soudain un cri funeste : Les Bleus !

Les Bleus arrivaient de toutes parts.

Sur leurs pas se précipita dans la clairière un corps de Vendéens commandé par Charette : ce chef semblait être dans tous les lieux où se montraient les champions de la république.

Mais déjà ces soldats sans armes, ces femmes, ces vieillards, ces enfants avaient succombé.

Le carnage avait succédé à une scène délicieuse ; un combat furieux succéda au carnage....

Après deux heures, tout bruit avait cessé dans la clairière du bourg de Chanzeaux ; mais, hélas ! mille cadavres jonchaient la terre.

Du milieu de tant de morts, se souleva à demi, quand les soldats de Charette se furent mis à la poursuite des républicains, un Vendéen couvert de poussière et de sang, criblé de blessures. Il porta autour de lui un regard désolé, mais il aperçut bientôt l'image de Marie qui dominait cette lugubre scène, et il salua la Vierge avec amour.

— Je veux mourir aux pieds de la mère de Dieu, balbutia-t-il d'une voix défaillante.

Et il se traîna péniblement jusqu'à la sainte image.

Aux pieds de la blanche madone, une enfant était tombée évanouie. Elle portait une robe de grosse toile grise, comme les plus pauvres enfants de la Vendée, un bonnet de même étoffe, que rattachait un ruban noir, symbole de deuil et de douleur; mais elle avait au cou un petit bout de chapelet rouge et bleu.

Le soldat vendéen ne vit que le chapelet.

— Ma fille !... mon enfant !... s'écria-t-il. O Providence !

Quelques instants après, Marie de la Reyrie rouvrait les yeux, et son premier regard bénissait celui qu'elle avait tant pleuré, le plus chéri et le meilleur des pères....

Après la bataille du Mans, Philippe de la Reyrie, grièvement blessé, avait été jeté sur une charrette remplie de mourants que l'on conduisait à la Flèche. Ces infortunés avaient expiré à quelques lieues de Sablé. Celui qui les conduisait ayant montré quelque sensibilité, le marquis l'avait supplié de le laisser fuir, et le voiturier l'avait déposé dans un lieu à demi désert.

Philippe, se traînant péniblement, s'était caché dans un champ près de Sablé. Il y était resté toute la nuit, épuisé de fatigue et du sang qu'il avait répandu. Vers le matin, une femme avait passé ; il lui avait tendu des mains suppliantes. Mais elle avait fui.... Au grand étonnement du marquis, elle était revenue quelques minutes après avec deux paysans, qui l'avaient pris dans leurs bras et l'avaient porté dans leur métairie, où ils l'avaient caché dans un toit à cochons. C'était là que l'infortuné, qui n'avait point tardé à perdre connaissance, avait langui plusieurs semaines entre la vie et la mort, soigné par les fermiers avec zèle, amour et dévouement. Revenu à lui, Philippe avait envoyé message sur message à la Reyrie. Village et château avaient été dévorés par les flammes ; nul n'avait pu dire ce qu'était devenue la marquise. Enfin Philippe avait passé la Loire ; il avait cherché lui-même, mais en vain.... Croyant que les deux anges qu'il chérissait sur cette terre avaient été rappelés avec les anges du ciel, en proie à une inexprimable douleur, il avait rejoint Charette et repris les armes avec lui, ne souhaitant plus que la mort sur un champ de bataille.

Tout ce récit peut sembler merveilleux ; il est néanmoins véritable. Même aventure est arrivée au Mans à M. de Béjary, comme on peut le voir dans les *Mémoires* de Mme de Sapinaud.

On se rappelle que Philippe de la Reyrie portait sur sa poitrine quelques grains du chapelet rouge et bleu....

Marie avait trouvé un père dans l'officier républicain à qui sa mère expirante l'avait confiée à son heure dernière. Mais bientôt après, hélas ! l'officier avait été rappelé à Paris pour mourir : il se faisait le père de la fille d'un brigand, donc il était brigand, donc il méritait la mort.

— Si je regrette la vie, c'est pour toi, ma fille bien-aimée, avait-il dit en pressant, à cette fatale nouvelle, l'orpheline sur son cœur. Avec toi, je serais redevenu ce que j'étais quand j'avais une mère, bon et vertueux.

Au départ, il avait confié l'enfant à la femme d'un brigand de Chanzeaux, qui, dans un jour de détresse, lui avait ouvert sa chaumière et l'avait caché sous son pauvre toit. Marie, fille désormais d'une paysanne vendéenne, était devenue bergère, et, pendant toute une année, elle avait gardé vaches, brebis et dindons, en embellissant les derniers jours de la bonne femme qu'elle nommait sa mère.

La guerre dura peu de temps après cet événement de Chanzeanx et l'événement plus affreux de Quiberon. Que pouvait la valeur de Stofflet et de Charette contre la trahison et le grand nombre de leurs ennemis ? Après s'être défendus jusqu'au dernier moment, ils furent contraints de céder à la force. Ils furent pris tous deux, Stofflet en Anjou et Charette en Bretagne. Ils avaient vécu avec la même gloire ; ils moururent avec le même courage et la même résignation, Stofflet à Angers le 23 février 1796, Charette à Nantes quelques semaines après.

Le marquis et son enfant, retirés dans une maisonnette au pied de la colline où s'élevait jadis le joli manoir de la Reyrie, eussent goûté encore le plus parfait bonheur, si un cruel souvenir n'eût à tout instant déchiré leur âme.

— Mon Dieu ! murmurait alors la pieuse Marie en

cachant son visage baigné de larmes dans le sein de son père, pourquoi ma mère avait-elle suspendu les perles à mon cou d'enfant, ou plutôt pourquoi n'avions-nous pas tous trois notre part de la sainte relique, du chapelet de Nicolas Duval ?

Et maintenant l'on comprend pourquoi la relique était si chère à la comtesse des Sablés de la Reyrie, pourquoi Marie de la Reyrie suspendait au cou de ses enfants et de ses petits-enfants, au jour solennel de la première communion, le petit chapelet rouge et bleu.

FIN.

Rouen. — Imp. MÉGARD et Ce, rue Saint-Hilaire, 136.

www.ingramcontent.com/pod-product-compliance
Ingram Content Group UK Ltd.
Pitfield, Milton Keynes, MK11 3LW, UK
UKHW020157200726
13856UKWH00003B/1033